# 목 차

## 머 리 말

그림자는 아무리 많이 쌓아도 무게가 없고,
아무리 많이 쌓아도 두께가 없습니다.
그러나 마지막 한 장까지 걷어 내야
그 자리에 빛이 들어옵니다.

내가 말과 행동으로 만들어진 업장은
내 몸 세포에 그림자같이 쌓여 있다가
바람처럼 움직여 나를 지배합니다.

나를 상승으로 이끌어 갈 무언가를 할 수 있는
목표와 용기가 있다면, 업장 소멸수행은 나를
상승으로 안내합니다.

수행은 몸 가지고 있을 때 지금 해야 합니다.
몸 잃어버리면 하고 싶어도 할 수 없습니다.
시간이 없다고 말하는 사람은 다음 세상
미륵부처님 오실 때까지 시간이 없습니다.

지식으로 살아가는 삶은 캄캄한 동굴 속에서 촛불
켜고 걸어가는 삶과 같고,
지혜의 삶은 아침 햇살에 맑은 하늘을 보는 것과 같
이 더 큰 안목으로 현명하게 살아갑니다.

## 1, 본래 나는 빛나는 광명의 존재다

본래 나는 맑고 청정한 광명의 빛입니다.
내 영혼이 우주의 에너지 덩어리 물질적인 몸을 갖기 전에는 청정하고 순수한 빛의 존재로, 지구가 형성되기 전부터 나는 존재하고 있었습니다.

우주 에너지 덩어리 육체적 몸을 가지고 있는 지금은 인간 또는 사람으로 물질적 육체를 형성하고 있는 생명체이며, 몸이 없을 때의 존재는 본래 면목 불성·참나·혼백·영혼 비물질적 영적인 빛의 존재였습니다.

그러나 어떠한 인연인지는 모르겠으나, 부모님 은혜 입어 한 사람의 생명으로 태어났을 때는 순수하고 청정한 빛과 같이 맑고 밝은 본성을 가지고 태어났습니다.

살아가면서 탐욕과 욕망, 분노, 슬픔과 고통, 괴로움, 기쁨과 환희, 사회적 다양한 환경의 영향을 받아 지금의 나는 태어났을 때의 순수한 본성이 흐려져 혼탁한 사람으로 살아가고 있습니다.

그러나 자신이 타고난 수명을 다하고 죽으면 살아오면서 말하고 행동한 결과물에 의한 기록으로 심판받아 다음 세상 몸 받아 생과 사로 태어나고 죽고를 반복하며 윤회합니다.

다음 생은 현생으로 살아가는 지금 몸보다 더 나은 몸 받아 더 좋은 환경에 태어나려면
무지에서 오는 탐욕
만족하지 못한 우울
이루지 못한 아쉬움과 미련
내면의 어둡고 부정적인 요소를 삭제하고 나 자신의 본래 순수한 본성을 찾아 내면을 밝히고, 지식으로 살아가는 삶에서 지혜의 삶으로 살아가야 합니다.

사람은 본래부터 좋은 사람, 나쁜 사람으로 태어나거나 정해져 있는 것이 아닙니다.
긍정과 부정, 좋다, 싫다.

자신이 선호하는 것으로 분별하며 좋은 것은 취하고, 싫은 것은 밀어내면서 한 편의 주인공으로 살아가고 있습니다.

부모님 은혜 입어 내가 태어났을 때는 순수하며 청정하고 찬란하게 빛나는 금은보석으로 태어났습니다.

그러나 살아오는 동안 사회적 다양함에 적응하느라 나도 모르는 사이, 나의 몸과 정신은 흙과 모래가 섞인 돌덩이로 변하여 혼탁해져 갑니다.

그런 돌덩이를 업장 소멸수행이란 용광로에 넣고 녹인 다음, 어둡고 혼탁한 내면의 부정적인 에너지를 제거하여 본래 나의 모습인 순수하고 빛나는 금은보석으로 찾아가는 수행입니다.

창밖을 볼 때 유리창이 오염되어 있으면 흐리게 보이는 것과 같이, 내 마음도 탐욕과 욕망, 번뇌와 망상으로 본래의 찬란하게 빛나는 내면이 가려져 있습니다.

흐리고 어두운 마음의 유리창을 닦아, 맑고 밝은 시야를 얻어 현명하고 지혜로운 사람으로 살아가기 위한 호흡 수행입니다.

이 책에서 안내하는 업장 소멸 호흡 수행은 자신의 가치관과 인식을 높이며, 일상의 다양함에서 발생하는 상황들을 지혜롭게 융합합니다. 이를 통해 맑고 밝은 지혜와 통찰력의 이해 및 판단으로 올바른 결정을 높이는 나를 빛나는 사람으로 만들어 갑니다.

내가 육체를 가지고 있지 않았던 전생과 비교하여, 육체를 가지고 살아가고 있는 지금의 나는 본래 긍정적이며, 찬란하게 빛나는 광명의 존재로 도덕적 관념으로 희망과 행복을 추구하며, 선량하고 정직하고 믿음직스러운 인간 본연의 특성을 가지고 있습니다.

윤리적 관점에서 선한 행동과 도덕적인 책임감 및 타인에 대한 배려와 긍정적으로 살아가려는 노력은 사람들과 윤리적 풍요를 공유하되, 인간의 존재만이 누릴 수 있는 정신적 생각에서 오는 느낌과 표정을 동반한 감정은 비물질 영적인 빛의 존재와도 교감할 수 있는 특성이 있습니다.

물질적 몸을 가지고 있는 인간의 육체와 비물질, 정신적 감정과 촉에 의한 감각적 느낌은 영적인 존재들과 다양한 경험과 체험으로 기적 같은 일이 일어나는 사례들을 과학적으로는 입증하거나 검증할 수 있는 범위는 아닙니다.

다만,)영적인 존재와 인간과의 소통·감정을 교감하고 공유하여, 영적인 힘에 의한 영향으로 인간에게 기적이 일어난 경험 및 체험 사례들은 많이 제시되어 있습니다.

과학적 관점에서 감정과 생각은 뇌의 활동과 신경전달 물질의 화학적 상호작용으로 설명하지만, 그것은 물질적인 과정을 기반한 것입니다.

종교적 인간의 정신적인 영역에서는 생각과 감정이 물질적인 것, 이상의 차원에서 일어나는 현상인 비물질 느낌 즉, 감정·촉·감각·생각을 말합니다.

불교에서 자랑하는 깊고 높은 수행을 통한 깨달음에 대한 믿음과 비물질 영적인 빛에 관한 주장은 과학으로 입증 및 검증할 수 있는 범준 아니지만, 개인의 경험과 체험에 근거하여 불가사의한 기적이 일어나는 수많은 사례가 제시되고 있습니다.

비물질적 영적인 빛에 의한 파장·느낌·진동·감정을 동반한 사람들과 서로 교감하고 공유하는 것과 같이 기도·명상·수행 등을 통해 영적인 신의 높은 수준의 존재와도 연결되어 기적이 일어나는 사례는 흔히 있습니다.

그러나 불교는 기본적으로 절대적인 신이나 창조주를 인정하지 않습니다.
불교는 정신적 높은 수준의 수행을 통한 법력을 겸비한 도력으로 사람은 물론 영적 존재들을 제도하고 지혜를 발현하여, 고통과 괴로움을 없애고 성공적인 삶, 풍요로운 삶, 행복하게 살아갈 길을 안내하는 정신적 자기 계발을 추구하는 종교입니다.
부처님 가르침은 인간이 다양한 삶에서 괴로움과 고통에서 벗어나 깨달음에 도달하여 해탈에 이르는 길을 안내합니다.

신성한 절대자인 신을 숭배하고 신에게 지배받는 종교가 아니라, 오히려 깨달음을 통해 자신을 교화할 뿐 아니라, 영적으로는 신의 존재들을 교화하고 제도하는 종교입니다.

이는 정신적 집중력을 통한 깊은 수행으로 자신에 대한 두터운 이해와 변화를 통해, 내면을 깨닫고 교화함으로써 괴로움과 고통에서 벗어나 고요한 평정에 도달해 해탈할 수 있는 길을 안내합니다.

이를 통해 자신을 교화하고 높은 영적 수준에 도달하는 과정을 업장 소멸, 도 닦음 수행이라 말합니다.

집중력을 동반한 수행을 통해 얻어지는 높은 도력을 특별한 능력을 나타내는 영적 에너지의 힘을 빛의 밝기로 표현한다면 전깃불이 20·50·100 Watt 단위로 밝기 차이가 나듯이 영적인 힘과 수행을 통한 마음의 힘이 크거나, 작거나의 차이로 다름을 뜻합니다.

사람은 자신의 내면이 흐리면, 부정적인 감정에 휩싸입니다. 주변 상황까지 부정적으로 인식해 세상이 어둡게 보이지요.

내면이 맑고 밝으면 주변의 환경을 더 긍정적으로 인식하게 되어 주위를 맑고 밝게 보고 풍성하게 살아가게 됩니다.

자신 내면의 맑고 흐린 상태에 따라 타인들과 소통에 의한 자기 행복 수치에도 영향을 미치므로 내면의 정화를 통해 어두움을 걷어 내고 지혜롭게 살아가는 길을 안내하는 호흡입니다.

빠르게 변화해 가는 다양한 생활환경에 적응하면서 자신의 삶을 상승으로 추구해 가는 여정에서 우리는 지난날을 잊고 살아가고 있습니다.

지난날 상대에게 상처를 주었거나 받은 기록이 자기 몸 세포에 저장되어 있는 어두운 에너지를 삭제시키면, 내면이 맑고 밝아져 업장이 소멸하고 덕과 복이 쌓여 가는 과정을 자신에게 보여주어, 맑고 밝은 지혜의 삶으로 살아갈 수 있는 출발점이 됩니다.

**2. 지식에서 지혜의 삶으로**

지식을 쌓아가는 것도 중요하지만 행동하는 데 있어, 자신이 가지고 있는 지식을 현명하고 올바르게 활용하는 지혜야말로 더 큰 자산입니다.

지혜는 지식을 적절하게 이해하고 현명하게 융합하여, 주변 상황과 사람들과의 관계에 대한 통찰력으로 지식을 효과적으로 활용하여 지혜롭게 행동하게 해줍니다.
이는 자기 성장과 본인의 능력을 계발하기 위한 내면의 자양분이 되어 상승을 위한 에너지의 저수지가 됩니다.

지식은 자신이 살아가는 삶에서 중요한 기반 요소입니다.

지식을 바탕으로 지성을 상승시키고 경험과 지혜를 기반으로 한 명철한 판단으로 그 지식을 실제로 가치 있게 활용함으로써, 사람들과의 관계 또는 주변 상황에서 지혜롭게 적응할 수 있습니다.

그리하여 단순한 정보 소비보다, 윤리적 행동을 바

탕으로 비판적 사고, 통찰력에 의한 판단력, 풍부한 경험 등 다양한 측면에서 자신이 가지고 있는 지식을 지혜로 발현하여, 자신의 삶을 조화롭게 발전시켜 상승으로 나가는 것입니다.

지혜는 지식을 효과적으로 활용하고 상황을 이해하는 능력과 인간관계, 업무, 개인적인 문제 등 다양한 상황에서 필요한 적절한 능력을 발휘합니다.

지식을 겸비한 지혜는 자신을 모범적이고 현명한 사람으로 만들어 갑니다.
호흡 수행은 자신이 갖추고 있는 내면의 지식을 더 높은 수준의 지혜로 발전시키기 위한 수행입니다.

이는 자기 잠재력에 의한 능력을 더욱 향상하되, 삶을 더 풍요롭게 만들어 갈 토대입니다.

지속적인 호흡 수행은 자신을 긍정과 상승으로 개선해 가며 새로운 기회를 만들거나 대비함으로써 어떤 상황에서도 더 잘 대처하고 더 많은 성취를 이루어 가기 위함입니다.

지혜가 부족한 지식은 정보나 데이터를 가지고 있을 수는 있지만, 그것을 어떻게 올바르게 이해하고 활용하느냐에 따라 자신의 인생에 대한 삶의 질도 달라집니다.

예를 들어, 많은 정보를 가지고 있더라도 그 정보에 대한 해석이 부족하거나, 오류가 발생할 수 있는 방식으로 활용할 경우, 그 정보는 가치가 없는 것으로 여겨질 수 있습니다.

지혜는 지식을 가치 있는 행동과 결정으로 변환하기 위해 내면의 어두운 에너지를 삭제하고 맑고 밝은 지혜를 발현하여 자신을 상승으로 안내하는 요소입니다.

지식, 지성 그리고 지혜는 인간이 추구하는 현명함과 성공적인 삶에 의한 행복을 확장하고, 물질적 풍요로움과 성공을 이루는데 중요한 요건이지요.
또 이들 간의 연결성을 이해하고 조화롭게 발전시키면, 더 풍부한 삶을 실현해 나아갈 수 있습니다.

지식은 무엇을 알고 있는지, 어떠한 정보와 데이터를 가졌는지, 자신의 활동적 경험과 학습을 통해 습득한 지식을 쌓아가는 과정입니다.

지성은 인지능력, 사고력, 문제 해결 능력, 창의력

등의 지적인 기술을 의미하며, 사회적 다양한 상황에서 윤리적이고 도덕적으로 대처하는 것입니다.

지혜는 지식과 지성을 기반으로 한 명철한 판단과 자신을 조절할 수 있는 현명한 행동을 의미하며, 마음에서 일어나는 탐욕적 욕망을 해체하고 내적 만족을 높이기 위한 인생의 다양한 측면에서 풍요로움과 만족을 추구해 갑니다.

많은 사람들이 추구하는 목표를 향한 노력으로 성공과 행복에 도달했어도 지속적인 행복을 느끼지 못하는 이유는 무엇일까요?
바로 외부적인 요소에서 얻어진 성취는 시간이 지남에 따라 다시 초기 원래의 수준으로 돌아가기 때문입니다.

사람들은 행복을 외부 요인에 연결하여 추구하며 성취하려 하지만 외부 요인으로 얻어지는 행복감은 일시적입니다. 시간이 지남에 따라 내면에서는 그것에 빠른 속도로 적응하여 지속적인 새로운 것을 원합니다.
지속적으로 새로운 것을 공급해 주지 못하면, 다시 초기의 기본 수준으로 돌아가기 때문에 아쉬움, 미련, 후회의 욕망적 탐심이 생겨 지속적인 행복을 유지해 나가기가 어렵습니다.
지속적인 행복을 느끼기 위해서는 새로운 것을 성취하는 것으로 만족감에 의존하는 것 보단 내면을 맑고 밝게 밝혀 조화를 찾아야 합니다.

조화를 찾으면 내적으로 어두움이 없는 긍정적인 마음가짐으로 살아갈 수 있어, 자신은 물론 다른 이들에게도 긍정적 활력의 자양분이 됩니다.

재물로 이룬 풍요는 삶의 풍요로움 중 하나일 뿐이며, 절제하지 못하는 욕망을 채워 얻으려는 만족과 행복은 결국엔 자신을 파멸로 몰아가게 됩니다.

하여, 호흡 수행을 통한 내면의 어두움을 삭제하고 맑고 밝은 지혜가 발현되도록 유도해야 합니다. 이는 감정과 생각에서 오는 언어와 행동을 조절할 수 있는 내면의 힘을 키워 이번 생과 다음 생이 연결되는 영원한 행복으로 살아가기 위함입니다.

재물로 이룬 풍요는 초기에는 만족감을 줄 수 있지만 지속적인 행복에 머물러 있지 않습니다.
반면, 내적 충족을 얻기 위한 자기 계발과 목표를 추구해 나가는 사회적 연결 과정에서 자신의 가치와 기준을 찾아 조화롭게 융합해 가면서 자신의 삶을 더 풍요롭게 만들고 만족감과 행복을 높여 나가는 것이 수행입니다.
행복은 사람마다 서로 다른 주관적인 목표이기 때문에 개인마다 범위가 다릅니다. 지속적인 행복을 유지하기 위해서는 내면의 평화와 풍요를 추구하되, 스스로의 조화를 통해 자신만의 행복의 정의를 찾고 그것을 추구하여 만족스러운 삶을 살아갑니다.

재물에 대한 과도한 욕망적 탐심은 물질적인 풍요로움의 착각에 빠져 계속해서 더 많은 재물을 추구하게 되고 자신의 다른 측면을 감추거나 소홀히 할 수 있어, 낭만적인 삶으로의 연결이 무시되거나 간과될 수 있습니다. 스스로 고난과 탐욕 사이에서 고생하지 않도록 주의를 기울여야 합니다.

내적 만족감과 풍요에서 오는 낭만과 인간적 연결은 재물이나 물질적 성공으로는 측정하기 어려운 가치가 있으며 가족, 친구, 사랑, 창의성과 자기 계발, 자기실현 등은 물질적 풍요와는 별개의 가치가 있습니다.

자신이 추구하고 선택으로 만들어 가는 삶의 여정에서 행복과 만족은 재물로 이룬 성공만으로는 달성하기 어렵습니다.

그렇기에 낭만과 인간적인 가치 이상의 균형 있는 다양한 연결을 찾아 긍정적인 마음가짐으로 더욱 의미 있는 삶을 살아갑니다.

인생은 고난과 도전의 연속입니다.
어떤 시점에서도 고난과 어려움은 없어지지 않으며 시련을 피해 갈 순 없지만, 어려움을 극복하고 성공으로 나아가는 과정에서 자신은 더욱 강해집니다.
자기 신뢰와 내적 강함을 구축하고 나아가면서 타인에게 모범이 되고, 낭만적인 인생으로 더욱 즐겁게 살아가는 자세는 자신의 삶을 더욱 활기차고 풍요롭게 영유하도록 해줍니다.

인생의 낭만과 인간적인 가치를 즐기기 위한 물질적 풍요는 이상의 사회적 다양함에서 긍정적인 마음가짐과 겸손한 자세를 유지하며, 어려움을 이겨내고 자신의 삶과 미래를 밝게 만들어 갑니다.
의학의 발전으로 수명이 증가하고 질병 예방 및 치료에 대한 의학적 지식은 향상되어 가지만 그것은 육체의 물질적 부분에 관한 것일 뿐입니다.

인간존재와 행동하고 말하는 윤리적 가치에 대한 깊은 이해를 갖고 공정하면서도 도덕적 행동을 추구하되, 삶에 대한 만족감과 존엄과 가치를 찾아 자신이 가지고 있는 지식을 지혜의 삶으로 바꾸어 가는 삶은 더욱 풍요로워질 것입니다.
자연히 행복과 만족감 역시 높일 수 있지요.

지식에서 지혜로 나아가는 과정 안에서 풍요로운 삶과 도덕적 선택 윤리적인 행동을 기반으로 다른 사람들을 이해하고 배려하는 마음가짐으로 긍정적인 대인 관계를 유지합니다.
참된 가치를 중요시하고 인간적 온기가 있는 따뜻함을 지니는 것도 풍요로운 삶과 행복한 삶을 살아가는 방법입니다.

참된 가치와 인간적 따뜻한 온기를 품은 지혜의 삶은 가정은 물론 사회적으로도 상대방의 실수와 단점을 이해하고 북돋아 줍니다.
배려와 자비가 있는 삶으로 자신과 타인들에게 긍정적인 동기부여의 영향을 미치고 풍요로움과 행복을 높일 수 있는 의미 있고 당당한 삶을 가지도록 돕지요.

## 3. 기적을 design 하는 호흡의 힘

(신(神)에 의하여 행해졌다고 믿어지는 불가사의한 현상)
행운은 찾아오는 것보다, 내가 만들어 성취하는 것이 영원합니다. 어쩌다 우연히 찾아오는 행운은 잠시 머물다 스쳐 갈 뿐, 영원치 않습니다.
행운과 노력 사이에서 자기 몸에서 일어나는 발복은 우연한 타력에서 오는 것보다 노력을 동반해 스스로 지혜를 닦아 상승의 기와 운이 내 몸 시스템에서 발현되어 상승에너지의 힘에 의한 기적이 일어나고 행운이 찾아옵니다.

이는 단발성이 아닌, 영원한 행복으로 내 안에 머무르게 됩니다.
신라·고려·조선 시대를 지나 지금도 자신의 신분을 유지하거나 더 상승할 목적으로 땅의 혈맥으로 이어진 명당을 찾는 사람들이 있습니다.

풍수적 명당 찾아 기적·행운·발복을 얻고자 상승의 기와 운이 연결되길 바라던 염원을 갖고 풍수적 명당 찾아 묘를 조성한 왕족 또는 자손들 흔적도 없이 사라져가고 있습니다.

이사할 때나 사업하기 좋다고 판단된 풍수적 행운의 장소를 만났어도 자신이 누릴 수 있는 자격을 갖추지 않았다면 그 행운은 오래가지 못합니다.
시간이 지나면서 주변 환경이 자신의 수준으로 변화하는 원리는 우주 천체에 고정된 것은 없고 형상이 있는 모든 것은 변화해 갑니다.

10년 전의 나와 지난달의 나, 오늘의 내가 변화해 가고 있고. 지금도 찰나의 순간순간 우리는 변화해 가고 있습니다.
호흡 수행은 자신의 성품·관념·인성을 깊이 관찰하고 이해하고 감정을 조절할 수 있는 마음의 힘을 키웁니다.

이를 통해 내면의 어두운 에너지를 맑고 밝게 정화시켜 지혜를 발현하여 자기 몸에서 스스로 일어나는 상승의 에너지에 의한 발복을 이뤄야만 영원하고 지속적인 행복으로 나에게 머무릅니다.
타력에 의지하거나 자격을 갖추지 않은 행운은 우연히 찾아올 수는 있어도 지속적이지 못한 행운입니다.

그러므로 지혜를 닦아 성공과 미래를 향한 길이 있고 넓은 윤리적인 정당한 성찰로 지속적인 행운을 유지하기 위한 자신의 역량을 향상하고 더 나은 삶을 추구하여 나를 상승으로 가꾸어 가는 것이 자기 계발 호흡 수행입니다.

내가 살아가고 있는 세상은 오탁악세, 다섯 가지의 어둡고 혼탁한 세상입니다. 나라는 존재는 부모님의 은혜를 입어 한 생명으로 태어나 이대로 살아가다 타고난 수명을 다하고 죽으면 삼악도로 갈 확률이 80%가 넘을 것 같다는 안타까운 생각이 듭니다.

호흡 수행은 이번 생 보다, 다음 생에 대한 더 나은 조건과 환경을 준비하며 스스로 자신의 기와 운을 상승으로 유도하기 위한 자기 계발 훈련입니다.

과학적으로 증명할 수는 없고 사람마다 죽음과 다음 생에 대한 신념과 행동·생각·삶의 방식에 따라 다겠지만 우리가 태어나는 환경과 상황은 자신이 선택할 수 없는 것이며 어렵고 빈곤한 환경 속에 태어났을지라도 그 상황을 헤쳐나갈 수 있는 능력을 키우고 현재 삶에 집중하면서 미래에 대비하고 준비하는 것은 현재 삶의 책임입니다.

목표를 향한 노력과 열정으로 어떤 상황에서도 스스로를 발전시키고 향상하려는 마음가짐을 가지고 자신에게 놓여있는 상황을 개선하고 준비하는 더 나은 미래를 만들기 위한 도전이 있어야 가능합니다.

그러한 과정에서 우리는 다른 사람들과의 상호 협력을 필요로 하게 됩니다. 자신의 삶은 본인 말고도 다른 이들과의 관계와 상호작용에서 일어나는 영향 역시 무시할 수 없으니까요.

자기 계발을 통해 더 나은 미래를 준비하는 것은 누구나 자기 자신이 책임지는 겁니다.

다만, 사회적 주변 상황의 연결과 협력을 통해 최선을 다해 미래를 준비하는 열정으로 자기 자신에 대한 발전을 추구하고 내면의 관념·습관·성품의 개선을 통해 자신에 대한 긍정적 자부심을 증진 시킬 뿐 아니라, 더 나은 풍요로움을 형성하고 유지하는 목적도 있습니다.

호흡을 통한 내면의 흐리고 혼탁한 에너지를 정화시켜 자기 몸 시스템을 상승으로 작동시켜 밝고 맑은 지혜가 발현합니다.
이를 통해 바람직스럽지 않은 인성·습관· 성품을 수정 및 교정하고 삭제하면 내면의 흐림과 혼탁함에서 오는 혼돈을 정화함으로 자신의 존중감을 향상해 갑니다.

목표를 설정하고 자신의 삶을 주도적으로 이끌어 가는 믿음에서 오는 당당함은 스스로 마음에서 자부심이 상승합니다.
이는 지혜를 갖춘 행동으로 현생에서부터 성공적인 삶으로 이어지며 자신의 미래를 위한 인생 농사를 짓는 호흡 수행입니다.

미래의 자신을 위한 인생 농사를 짓는다는 뜻은 현실의 선택과 행동이 미래의 삶에 대한 결과를 결정짓는단 의미입니다.

나 자신은 당당하고 주도적인 자세를 가진 삶을 살아가도록 노력하면서 지혜롭게 선택하고 행동하는 삶을 통해 자신이 추구하고 소망하는 미래를 만들어 갈 수 있습니다.

소승은 중생들의 업장 소멸 원을 세워 부처님으로부터 지옥·아귀·축생 삼악도를 무너트리는 부처님의 중책을 받아, 중생들이 몸을 가지고 살아가면서 쌓인 업장은 삭제시키고 소원성취·사업 성공·자녀 성공 등 수행자들이 다양한 염원을 성취하고 행복하게 살아갈 수 있는 길을 안내합니다.

내면의 업장이 소멸되면 타고난 수명을 다하고 다시 태어날 때는 극락 세상에 태어납니다. 설혹, 극락 세상에 태어나지 않는다, 해도 삼(지옥·아귀·축생)악도는 가지 않으며, 지금 살아가고 있는 몸보다 더 나은 환경과 좋은 인간 몸을 받아 다시 태어날 수 있는 부처님 정법 호흡 수행을 안내합니다.

**4. 인간은 정으로 만들었다**

생명체 중에서 사람은 아주 특별하고 독특한 '정'이라는 정신적 감정과 느낌으로 살아가는 존재입니다. 정과 같은 정신적인 감정에서 오는 느낌은 사람과 다른 생명체와 구별되는 중요한 특징 중 하나입니다.

복잡하고 다양한 사회적 관계망을 형성하고 그 안에서 다양한 감정에 의한 부모 자녀 간의 정, 부부간의 정, 친족간에 정, 친구 간의 우정, 자신의 양심에 의한 정으로 생기는 감정과 정서는 우리 인간들만이 공유하고 소통하는 특별함입니다.

이러한 감정과 정서는 사회적 연결성으로 소통하고 공유하는 감정과 정서를 통해 다른 사람들과 깊은 정서적 유대감을 형성합니다.

이를 통해 공동체를 구축하여 정서적으로 어려움을 겪는 순간과 감동하는 순간을 표현하는 감정·언어·표정은 자기에 대한 인식을 표현하는 것으로 다양한 사람들과의 연결은 자신에 대한 인식을 높이는 방법이기도 합니다.

사람은 창조될 때부터 정으로 만들어졌기에 정이 없거나, 정을 떼고는 살아가기 힘든 존재입니다. 정들고, 정이 그립고, 정이 떨어지면 외면하고 싶어집니다.
정서적으로 상호 간에 연결된 감정은 심리적 상태에 영향을 주고 호감이 드는 상대와 정이 형성되면 안정감과 만족감을 느낍니다. 그러나 상대와 정이 부족해지거나 끊어지게 되면 쓸쓸함과 외로움을 느끼게 되지요.

사람들과의 정으로 연결된 정서적 감정의 연결은 서로의 심리적 안정감과 행복감을 줍니다. 그러나 자신의 선택으로 정에 관련된 상황이 만들어지면 상대를 이해하고 지지하는 관계도 정이 있기 때문입니다.

부모·자녀·형제자매·배우자·가족 등 다양한 사람들 사이에서 형성되는 것이 정입니다. 서로를 이해하고 지지할 수 있도록 서로의 안정과 행복을 추구하고 촉진하는 상호작용에서도 정으로 연결된 감정이 중요한 역할을 합니다.

그러나 정에 대한 부정적 감정으로 인한 분노에서 오는 화, 상대방과 갈등으로 인한 이해관계 부족에서 오는 아쉬움, 외로움에서 오는 쓸쓸함, 절망과 무력감에서 오는 좌절감이 생길 때가 있습니다.

그건 정서적으로 정에 관련된 연결이 부족하면 혼자 대처하기에도 어렵고 상대에게 지지받지 못하는 어려운 상황에 놓이게 되기 때문입니다.
정은 사람들과 감정적 연결·관심·애정·욕망·믿음 등을 나타내고 표현합니다.

다양하고 복잡한 자신의 합리적 개념과 심리적으로 안정적인 정의 연결은 상대에게 기쁨과 행복을 주기도 받기도 느낄 수도 있지만 동시에 아픔과 상처도 일으킬 수도 있습니다.

정은 사람과의 감정적 상태에서 상대에게 깊은 의미가 만들어지고 생기기도 하며, 상황에 따라 다양하게 긍정과 부정적으로 변화하는 혼합이 발생할 수도 있습니다.

마음에서 일어나는 감정은 자신과 다른 사람들과의 관계를 형성하고 유지하는 중요한 역할을 하며, 긍정적으로 연결된 사회적 관계망은 존중받고 소속감을 느끼게 합니다.

때로는 감정의 다양성과 변동성을 이해하고 내면에서 일어나는 심리적 복잡성과 변동성에서 오는 감정을 조절할 수 있는 올바른 통찰력과 결정을 위한 마음의 힘을 키우기 위한 호흡 수행은 자신의 감정·생각·행동을 관찰하고 조절할 수 있는 힘과 능력을 키웁니다. 내 몸, 시스템에서 지혜가 발현되는 것이지요.

자신의 감성·감정이 정서적으로 연결된 정과 관련하여 일어나는 에너지에 의한 다양한 감정을 조절할 수 있는 마음의 힘을 높이며 인간적 다양한 감정의 복합체에서 일어나는 심리적 결정은 다양한 사회적 상호작용에서 정에 대한 감정과 깊은 관련이 있습니다.

정은 자신과 상대방의 관계 형성과 소통유지 협력 등 인간의 본성과 행동에 다양한 형태로 심리적인 영향을 미칩니다.

그렇기에 상대방과의 긍정적인 연결을 이해하고 배려하고 받아들여지는 심리적 안정과 더 깊은 신뢰를 형성한 후, 서로 간에 믿음의 동기부여를 하고 서로를 지원함으로써 신뢰와 만족감을 쌓아갑니다.

우리는 정으로 만들어진 사회적 동물입니다.
정에 관련된 형성은 본능적이지만 상대방과의 긍정적인 연결에 의한 관계 형성을 추구합니다.
이는 더 가까워질 기회와 각자의 감정과 생각을 이해하고 배려하며 지지해 주는 포근한 행복감과 안정을 가져다줍니다.

또한 자신의 양심에 의한 도덕적 선택과 행동은 자신의 수준을 높이는 인간다운 특징입니다.
다른 생명체와 사람을 구별 짓는 중요한 특징 중 하나입니다.
정은 사람들과의 관계를 조율하는 상호작용을 통해 자신에 대한 인식을 높일 수 있는 중요한 부분입니다.

정서적으로 어려운 순간이나 감동적인 순간을 통해 우리는 자신의 감정을 표현하면서 서로의 다양성을 인식하고 공유하는 삶의 여정에서 풍성하게 성장해 가는 기회로 만들어 갑니다.

마음에서 올라오는 정서적인 감정과 정에 대한 느낌은 다양한 사회적 관계를 형성하고 유지하는 중요한 자원입니다.

이러한 사회적 관계를 통해 상호작용하고 소통하며 서로를 이해하고 공감하려는 것도 정이 있어서입니다.
우리는 가족이나 친구와의 돈독한 관계에서 맺는 긍정적인 정과의 연결은 서로를 이해하고 공감하는 데 중요한 역할을 합니다.
이를 통해 서로에 대한 더 많은 지지와 신뢰와 우정과 애정을 높이고 의미 있는 관계를 형성해 갑니다.

우리는 감정을 통해 자신과 다른 사람들을 평가하고 생각과 감정에서 올라오는 언어를 통해 관계를 형성하고 서로를 공유하며, 더 넓은 시각적인 경험을 통해 보다 풍부하고 깊이 있는 삶을 추구해 갑니다.

## 5. 아버지의 뼈를 받고 어머니의 살을 받아

앞으로 살아갈 날이 많이 남아있는 젊은 사람은 이 부분을 자세히 읽고 참고하시어 자신의 인생에 날개를 펼치는 지혜가 열려 긍정적인 삶을 응원합니다.

결혼하여 2세를 키우려는 계획이 있는 분 또는 부부간 자녀 사이에서 소통이 원활하지 않아 불통을 겪고 계시는 분들이 참고하시면 상황을 이해하는데 많은 이로움이 있을 것입니다.

사람으로 태어나서 인성과 성품이 결정되는데 훌륭한 지식이 없어 훌륭한 사람이 안 되는 것이 아닙니다.
기성 부모님 세대들은 새로운 생명이 태어날 때는 자기가 먹을 것은 가지고 태어난다는 추상적 믿음이 있었으나, 그러한 생각은 논두렁 밭두렁에서 공을 차는 것과 같은 무책임한 생각이었습니다.

태아인 나의 뇌 구조는 한 생명으로 태어났을 적에는 아버지의 뼈를 받고 어머니의 살을 받아 부모님의 유전적 성품과 생물학적 DNA를 상속받아 어머니의 환경과 감정의 영향을 전달받아 농부가 밭을 갈면 밭고랑이 생기는 것과 같이 어머니의 임신 중기부터 한 생명의 뇌,가 형성되고 발달 되어 갑니다.

나는 어머니의 몸에 착상되는 순간부터 부모님으로부터 상속받은 선천성 DNA를 합성하여 기초적인 인간의 성품으로 성장하게 됩니다.

태어나 살아가는 과정에서 자기가 좋은 것은 취하고 싫은 것은 밀어내는 성품은 어머니의 취향 적 심리적 영향을 전달받아 발육성장 합니다.
인간의 성품은 어머니의 감정과 취향에 따라 결정되는 것이 선천성 성품입니다.

아기를 낳은 후에도 잘 키우겠지만 인간의 성품이 초기부터 어떻게 형성되어 가는지 화분에서 자라는 꽃을 비유로 말하겠습니다.

화분에 물을 주면 그물은 곧바로 흘러내리지만, 화초의 뿌리는 자기가 싫은 것은 흘려보내고 화초가 필요한 영양분은 받아들여 그 꽃이 가지고 있는 색으로 꽃을 피웁니다.

이처럼 자신의 성품을 나타내는 것과 같이 사람도 인성과 성품으로 말하고 행동하는 품위가 각각 다른 것은 살아가면서 교육과 환경, 사회적으로 얻어지는 다양한 지식을 자기가 선호하는 것으로 습득하고 터득하여 말하고 행동하게 되는 것이지요.

기성 부모님 세대에는 어머니의 임신 중 어머니의 몸에서 인간의 인성과 성품이 형성되는 사실을 잘 알지 못했고 3살 버릇 여든까지 간다는 속담처럼 자녀를 낳은 뒤에 잘 키운다는 열정으로 양육한 세대입니다.
그러나 인간성에 대한 성품은 선천과 후천이 있고, 선천적인 한 사람의 성품과 인성이 결정되는 데는 어머니의 영향이 결정적으로 중요합니다.

앞으로 아이를 낳을 계획이 있거나, 어머니가 되실 계획이 있는 분은 몸과 마음에 평온함을 유지하는 호흡 수행으로 내면의 어두운 에너지에 의한 번뇌와 망상, 흐리고 혼탁함을 정화하면 마음에서 오는 안정적 평온함으로 맑고 밝은 우주 자연의 결실에서 얻어지는 오곡의 에너지가 어머니의 호흡과 탯줄을 통해 감정과 영향을 담아 마음으로 아이에게 전달됩니다.

평온한 어머니로부터 우주의 맑은 에너지의 기운과 영향을 전달받아 태어난 그 생명은 성장하면서 인지하고 습득하고 터득하면서 살아가는 다양한 사회적 상황에서 인성이 훌륭하고 모범적인 성품으로 성장해 갈 것입니다.

본래 나는 아버지의 뼈를 받고 어머니의 살을 받아, 어머니의 몸에 착상되는 순간 한 생명이 탄생 되기 위한 아버지의 유전적 성품 50% 어머니의 유전적 성품 50%를 유전자로 상속받아 발육성장 하면서 아버지의 영향 15% 어머니의 영향 80% 이상으로 결정되어 세상에 태어납니다.

이때는 뜨거운 것인지, 차가운 것인지, 먹는 것인지, 못 먹는 것인지, 높은 것인지, 낮은 것인지, 긴 것인지, 짧은 것인지, 좋은 것인지, 싫은 것인지 모르는 백지상태로 태어났습니다.

어머니가 임신 기간 중 평온하고 안정적이었으면 어머니의 몸에서 태어난 생명은 긍정적이고 안정적인 성품으로 결정되어 성장할 수 있는 확률이 높습니다.

이와 달리, 어머니의 임신부터 출산한 후, 아이가 3-4살 이전까지 어머니의 마음이 불안정하고 힘들었다면 그 생명은 성인이 된 후에도 사회생활 적응에 정서적으로 불안정 하여 어려움을 겪게 되고 조직사회에서나 대인 관계 등 가족 화합에서 불평과 불만으로 살아가게 될 확률이 높습니다.

특히 자신의 가치나 욕구를 우선하는 경향이 강하고 자신의 감정을 인식하고 조절하고 관리하는 능력이 부족하거나 합리적이지 않으며, 다른 사람 감정에 대해 이해하거나 공감력이 부족하여 사회생활 적응에 힘들어 보이고 인성에 반복적인 어두움이 있다면, 어머니가 임신 중이나 출산한 후, 3-4살 이전에 어머니의 힘들었던 감정과 어두운 에너지가 아이에게 전달됩니다.

그리하여, 그 생명은 부모님으로부터 상속받은 부정적 어두운 에너지에 의해 자신의 뇌와 몸 시스템으로 결정되어 자신은 정서적으로 불만이 왜 생기는지 원인도 모르고 불안정하게 살아가게 됩니다.

심리적 어두운 상처로 인해 마음에 병이 들어있는 것입니다.

어머니의 몸에서 선천성 인성과 성품이 형성된 대로 자기가 좋은 건 받아들이고 싫은 것은 밀어내면서 감정과 느낌 표정을 교환하면서 사물을 인지하고 단어의 뜻을 이해하고 자신을 표현하며 말하고 행동하며 살아가는 여정이 내 몸 세포에 기록되게 됩니다.

이 여정에서 자신이 경험하고 체험한 데이터가 좋다·싫다·길다·짧다·높다·낮다·기쁘다· 슬프다로 자기 몸, 세포에 기록으로 저장해 놓은 정보를 기반으로 표현하는 것이 자신의 성품이며 인성입니다.

어떤 사물이나 형상을 보거나, 좋은 사람이나 싫어하는 사람을 생각하거나 만났을 때, 내 몸 세포에 저장해 놓은 데이터와 기록으로 그 사람과 대화를 안 했어도 내가 좋으면 마음에서 설렘이 올라오고, 싫으면 외면이 올라오는 것은 내면에 저장해 놓은 기록의 분별심에서 감정과 느낌을 동반한 생각으로 올라오는 것입니다.

생각으로 올라오는 느낌과 감정이 자기중심적 욕망과 탐욕·지식으로 만들어 저장되어 있어, 지금 어떠한 행위의 결과물은 시간이 지난 뒤엔 아쉬움·미련·후회의 오류가 발생하는 것입니다.

어머니의 유전적 특성과 환경은 한 생명의 인성과 성품 발달에 큰 영향을 주며, 태아의 뇌의 구조가 형성되는 과정에서 어머니의 환경과 감정은 태아의 뇌 구조와 기능에서 인간의 감정과 정서적 성장 및 행동에 결정적인 영향을 미칠 수 있습니다.

인간의 감정과 정서는 경험과 환경에 의해 형성되기도 형성되거나, 지식과 심리적 욕망으로 모양이 형성되기도 합니다.
그렇기에 자신의 행동으로 선택하고 결정하는 것은 곧 그 사람의 인간성에 의한 성품입니다.

호흡 수행은 자신의 현실에서부터 미래를 상승으로 열어가는 수행이며, 과거의 상처나 부정적인 경험으로 심리적 트라우마·우울증·공황장애·불안으로 인해 심리적 상처가 있거나 사회생활 대인 관계에서 미치는 영향에서 받은 부정적인 경험을 치유할 수 있습니다.
자기 돌봄과 자신에 대한 이해와 사랑으로 심리적인 상처를 치유하고 건강한 대인 관계를 형성해 가며, 유지하기 위한 소통·공감·이해력 및 상호 존중과 배려하는 활기찬 마음으로 다른 사람들과 긍정적인 관계를 더욱 풍요롭게 만들어 가기 위한 수행이 호흡 수행입니다.

어머니의 감정과 환경이 한 생명의 성격과 성품으로 결정됩니다.
이 엄중함과 중요함을 알고 마음에서 오는 안정적 평온함으로 내면의 맑고 밝은 에너지와 어머니의 긍정적이고 희망찬 감정이 호흡과 탯줄을 통해 새 생명의 마음으로 전달되어 긍정적이며 훌륭하고 모범적인 생명으로 탄생하게 됩니다.

이후, 성장하면서 긍정적이며 행복하게 살아가는 길이 있지요.

## 6. 눈에 보이는 탯줄은 끊었지만

어머니와 자녀 사이의 눈에 보이는 연결과 상호 의존성을 유지하는 육체적인 탯줄과의 연결은 세상에 태어남과 동시에 끊어졌습니다.

하지만 눈에 보이지는 않아도 부모와 나는 정신적 정서적으로 연결된 탯줄이 계속 이어져 있어, 부모님으로부터 받은 가르침의 영향이 자녀가 성장하면서 살아가는 삶에 중요한 지표로써 영향을 미칩니다.

자녀가 어렸을 때 부모님으로부터 받는 교육 중 좋은 것은 주입하고 나쁜 것은 피하려 드는 부모님의 지나친 열정은 자녀를 간섭하는 안 좋은 결과를 낳을 수도 있습니다.

그것이 자녀의 훌륭한 성품과 성공을 목표로 하는 것일지라도요.

자녀 관점에서 부모님은 존경의 대상인데 존경의 대상에게 지적받는 것보단 격려와 칭찬을 받는 것이 긍정적이며 올바른 인성의 싹을 키우기 위한 동기부여와 행동과 패턴에 긍정인 성품으로 유도하는 효과를 크게 줍니다.

자녀는 성인이 될 때까지 부모님으로부터 보호를 받을 권리가 있습니다. 성장하는 시기에 부모님이 모범을 보여주면 자녀는 부모님을 모방하여 부모님의 이슬을 먹고 성장합니다.

화분에 화초를 키우는 과정에서 필요하면 물을 주고, 비료를 주고, 잡초를 뽑아주면, 그 화초는 스스로 성장하여 그 화초가 가지고 있는 색으로 꽃을 피웁니다.

자녀의 성품을 고려하지 않고, 자녀를 잘 키우겠다는 정성과 열정만 앞세운 나머지 부모님의 과욕에 기인한 간섭이 지나쳐 하루는 이쪽으로 또 하루는 저쪽으로 날마다 이리저리 뒤집으면 그 화초는 바위에 눌려있는 것과 같이 자생력을 잃어버립니다.

스스로 성장할 수 있는 자생력을 얻지 못하고 시련이 찾아오면 시달리다 말라 죽을 수도 있습니다.
자녀의 성품을 이해하고 진로를 응원해 주고 격려해 주고 인정해 주는 부모님의 가르침은 올바른 가르침이라 말할 수 있습니다.

자녀가 성장하여 수익을 창출하는 쪽으로만 목표를 두는 자녀 교육은 부모와 자녀 모두에게 행복을 가져다주는 교육 방식이 아닙니다.

부모님이 자녀를 보살피며 교육하고 성장하는 과정에서 장점은 알리고 단점은 피하거나 숨기고 장점만 응원하고 격려하고 교육했는데, 자녀가 성장해서 보니 알려 주지 않은 상대방의 단점을 더 많이 닮아있는 경우를 보면 사람의 인성과 성품이 부모님의 유전적 영향과 많은 관계가 있음을 알 수 있습니다.

부모님으로부터 물려받은 선천성 성품과 성장하면서 환경적인 영향으로 습득하고 체험한 후천성 인성이 성품으로 형성돼 몸의 시스템으로 작동하게 됩니다. 이때, 주입하고 강요해서 수정되거나 바뀌는 현상은 일시적 현상에 불과합니다.

결국에는 본래 성품으로 돌아가게 되지요.
예를 들어 부모님이 도둑으로 많은 부를 가지고 자녀와 함께 살아갑니다.

부모님 생각은 비록 부모는 도둑이지만, 자녀는 도둑이 아닌 착하고 성실하고 훌륭한 사람으로 살아가길 바라는 마음으로 학식이 높은 분야별 우수한 선생님에게 많은 교육비용을 들여 교육받은 그 자녀는 착하고 성실하고 훌륭한 사람 되어있는 것이 아니라, 부모님 성품·인성 따라 자녀가 성인이 된 후엔 이미 도둑이 되어있지요.

화분에 꽃을 키우거나 용기에 콩나물을 키우며 물을 주면 물은 바로 흘러내리지만, 화분에 있는 꽃과 콩나물은 자기 성품 따라 필요한 영양분만 빨아들여 꽃이 피고 콩나물로 성장하는 것처럼 자녀는 부모님의 이슬을 먹고 성장합니다.

부모의 성품이나 마음가짐에 따라 자녀가 성장해서 어떠한 결과를 가져오게 되지요.
이때, 부모님의 영향이 개인적 상호작용에도 미치게 됩니다.

마치 꽃이 필 때와 같이 부모의 성품에 따라 성장한 자녀는 인성과 성품을 꽃의 색깔과 같이 스스로 인간성의 꽃으로 개화하게 되지요.

자녀를 잘 키운다는 뜻은 잘해주는 것보다 올바름을 가르치는 것입니다.
인지능력이 부족한 동물은 잘해주는 것을 잘 키운다고 말합니다.

인지능력이 탁월한 인간에게 올바름을 가르치면 객관적이고 공정한 시각과 내면의 풍요로운 감정으로 어려운 상황에서도 윤리적이며 공정한 해결 능력으로 타인에게 인정과 존경의 대상으로 살아갑니다.

## 7. 착각으로 살아가고 있는 삶

과학적 관점에서는 영혼이나 불멸성과 같은 개념은 검증하기도 어렵고 검증 대상도 아닙니다.

과학은 물질적 현상의 현실 세계를 연구하는 학문이고 영적인 측면이나 영혼에 관한 연구는 종교 영역에 속합니다.

꿈을 꾸는 사람과 꿈을 꾸지 않은 사람이 있듯 빙의(귀신)를 보는 사람이 있고 빙의를 보지 않는 사람이 있지요. 꿈을 꾼 사람은 꿈에 대해 말할 수 있고, 꿈을 꾸지 않은 사람은 꿈을 알지 못합니다.

빙의를 보는 사람은 본 것을 말하지만, 보지 않은 사람은 보지 않은 것을 말합니다.
그러한 다양함이 어울려 살아가는 세상에서 자기주장만 옳단 식의 강요는 개인의 착각입니다.

우리는 부모님의 유전정보를 상속받아 태어났습니다. 그리고 살아가면서 체험하고 습득된 정보의 작용과 함께 끊임없는 세포 분열과 증식을 통해 몸을 형성하고 유지해 가면서 생명체로 살아가다가 육체의 수명이 다하게 되지요.

이 과정은 그저 육체의 죽음일 뿐, 영혼인 '나'의 죽음이 아닙니다.
육체의 죽음으로 모든 나가 종결되는 것이 아니라, 새로운 시작의 형태로 지금 살아 온 현생보다 다음 세상으로 변화한 새로운 존재의 여행입니다.

우리는 부모님 은혜 입어 태어난 몸이지만, 지속적인 세포 분열과 생성으로 인해 부모님으로부터 받은 몸은 진즉에 사라졌습니다.

끊임없이 우주의 에너지를 입으로 끌어당겨 내 몸으로 만들어 유지해 가면서 육체의 수명이 다하면 육체가 죽는 것일 뿐, 나의 영혼이 죽은 게 아닙니다.
육체의 죽음과는 달리 나의 영혼은 불멸성이기에 육체의 죽음 이후에도 영혼은 존재합니다.

나의 영혼은 지구가 생성되기 전부터 우주의 빛으로 존재하고 있었고 앞으로도 영원히 존재할 것입니다.
나의 육체와 영혼을 분리해서 관찰해보면 나 어렸을 때의 정신적 생각과 성인 된 때의 정신적 생각, 더 시간이 흐른 지금의 정신적 생각까지 보면 나의 영적·정신적 존재는 변화하지 않았습니다.

나의 육체는 성장하면서 늙어가지만, 정신적 영혼은 늙지 않습니다. 어렸을 때는 어린이로 행동했고, 성인이었을 때는 성인으로 행동했고, 나이를 먹은 지금은 어른으로 행동하고 있을 뿐, 나의 영혼이 늙어 수명을 다해가는 것은 아닙니다.

태어나면 성장하고 늙어갑니다. 타고난 수명을 다해 때가 되어 찾아오는 육체의 죽음은 누구에게나 평범한 우주 자연의 질서이며, 다음 세상 새로운 삶으로 시작의 여정입니다.

사람이 죽는다고 생각하는 것은 '시간은 흐른다'라고 착각하는 것과 같습니다. 시간의 흐름이 실재하지 않고 생각과 인식으로 착각하는 것입니다.

오늘 하루가 지나갔다고 하여 오늘 하루가 지나가는 것이 아닙니다.
지구가 중력의 힘으로 자전하여 태양 빛 에너지에 의한 낮과 밤이 있는 것이며 전깃불이 켜지고 꺼지는 것과 같이 지구의 자전으로 인해 한 지점을 낮과 밤으로 정해놓은 것입니다.

과학이나 종교에서도 아직 우주의 크기와 구조를 이해하지 못하는 한계에 있으며, 우주와 시간에 관한 연구와 논의는 계속 발전해 가고 있습니다.
우주는 시공간과 함께 무한한 영역이니까요.

남산은 남산이 아닙니다.
북쪽에서 산을 바라보았을 때 남쪽에 있어 남산이라 했을 뿐입니다.
이처럼 관찰자가 바라보는 위치에 따라 명칭이 바뀔 수도 있습니다.

사물을 바라보고 인지하는 감정 상태에 따라 바라보는 사람과 생각하는 사람의 관념은 고정되어 있지 않습니다.
좋아하는 동물 집을 보석으로 기둥하고 장식하면 바라보는 내가 좋을 뿐, 동물들은 좋으니, 싫으니 그런 마음 안 가집니다.

동물들을 소중한 존재로 생각하는 마음은 이해하지만, 동물들과 예술적인 아름다움까지 공유하려는 마음은 착각입니다.
금으로 된 어항에 보석으로 모래 깔고, 장식해서 물고기 넣어주면 모양을 보는 내가 좋습니다.

물고기는 좋고 싫고 그런 마음 안 갖습니다. 물고기를 좋아한다면 물고기가 자유롭게 놀 수 있는 곳으로 돌려보내 주어야 물고기를 좋아하는 것입니다.
산이 좋아 산에 가고 물이 좋아 강에 가면 내가 좋습니다. 산과 강은 좋다, 싫다 분별하는 마음 안 갖습니다.

사람마다 다양한 선호도와 각각의 관점을 가지고 있음을 이해하고 산과 강, 다양함이 있는 것과 같이 나와 다름이 있음을 이해하면 부딪치는 일이 줄어듭니다.

상대방에 대한 관점과 이해 부족으로 내 생각이 옳다는 관념을 알아차리고, 사람들 간의 어울려 살아가는 사회적 상호작용에서 더 큰 안목으로 더 넓게 새로운 시각을 얻어 자신을 성장시켜 나갑니다.

우리는 언어, 제스처 표정을 포함하여 다양한 정보를 주고받으며, 공유하는 의견 소통이 자기중심적이면 감정, 생각으로 인한 의도 하지 않은 갈등을 유발할 어려움이 발생합니다.

타인의 배경·경험·문화적 차이 등을 고려하여 각자의 관점과 의견을 존중하면서 다른 이들의 존재와 필요성을 배려하며 자부심이 있고, 당당하게 살아가는 싱그러운 삶을 추구합니다.

그리된다면 협력과 조화로 더 나은 생산적인 결과를 창출할 수 있습니다.

**8. 열린 마음이면 상처받지 않는다**

긍정적인 인간관계를 형성하려면 열린 마음을 가져야 합니다. 타인의 의견·감정·경험을 이해하려는 노력이 필요함은 물론, 배려하고 인정하고 수용하는 마음가짐의 자세는 주변 상황에서 더욱 긍정적인 인간관계를 유지할 수 있게 됩니다.

열린 마음이 부족하면, 소통과 긍정적인 인간관계를 형성하는 데 있어 갈등·의견 불일치 등으로 상대에게 상처를 줄 수도 받을 수도 있습니다.

자신은 상대에게 이해와 배려가 부족한 줄 모르고 받으려는 욕망이 지나치면 욕구는 채워지기 어렵고 불편한 관계를 초래합니다.

자연히 스스로 상처받는 일이 지속해서 반복되게 되고 상대방과 풍성한 관계를 유지하는데 제약이 생길 수도 있습니다.

사람들과 연결된 정과 사랑은 깊은 감정이 동반되지만 완벽하지 못할 수도 있으며, 사랑은 상대방과의 감정에서 발생하는 기쁨·만족감·안정감을 느낄 수도 있지만 의도하지 않은 깊은 상처와 어려움이 포함될 수도 있습니다.

인간관계에서 갈등, 오해, 실망과 같은 어려움이 발생하는 것은 자신이 노력한 것에 비해 더 많이 채우고 가지려는 욕심으로 상대방이 인정하지 못할 동기부여를 갖다 붙이고 강요하기 때문이며, 여기에서 혼란이 옵니다.

자신에겐 관대하고 상대방에겐 정확을 이유로 가혹한 기준의 논리는 부정적 영향과 실망을 발생시킵니다. 문제를 불러오게 되지요.

상대방과 더 나은 관계를 위해서는 상대의 감정을 이해하고 배려해 주고 존중하며 양쪽 모두가 평등한 존재임을 인정하면 더욱 풍요로워집니다.

평등의 대우는 더 깊은 신뢰의 인간관계를 형성하고, 서로의 감정을 솔직하게 표현하는 열린 마음을 가진 나는 성공을 향한 행복으로 진화해 가고 있으며, 자신의 삶을 더 풍부하고 수준 높은 삶으로 만들어 가고 있는 것입니다.

다양한 배경 및 경험을 가진 타인들과 연결되는 열린 마음은 자기 성장을 촉진하는 자양분이 됩니다.
이를 통해 자신의 변화와 성장을 가져오게 되고 더 나은 행복으로 자신의 삶을 찾아가고 스스로 만들어 가는 노력의 싹을 틔웁니다.

상대를 배려하는 마음 없이 더 채우려는 욕망은 자신의 행복 추구에 단점이 될 수 있습니다.
상대의 관점을 받아들이고 인정하고 이해하는 마음 가짐의 자세는 내면의 시야를 넓고, 깊고, 높게 확장시킬 수 있습니다.

이는 자기 성장을 촉진하고 자아 개발과 상승을 유도하는 데 도움을 주고 상호 간에 공존하고 서로를 북돋아 주는 지원은 풍요롭고 풍성한 관계로 발전합니다.

자신의 발전과 행복을 추구하며 더 나은 인생 여정을 즐길 수 있는 공감대가 형성된 목표는 고난이 주는 어려움을 슬기롭게 돌파하고 성공의 성취감을 느낄 수 있습니다.
열린 마음으로 풍성하고 풍요롭게 살아가게 해주는 거지요.

## 9. 향기 있는 사람

부모님의 가치관과 가족 구성원들 간의 가정환경은 자신의 진로에 대한 가치관과 목표를 설정하는 데 중요한 영향을 미치기도 하며, 심리적으로 주변환경과 소통하며 공유하고 성장해 가는 과정에서 자신의 삶의 목표가 설정되기도 합니다.

우리가 살아가면서 주변의 다양함에서 습득하고 체험하며 성장해 가면서 표현하는 인성과 성품을 자신의 언어·감정·행동으로 표현하는 것은 그 사람이 가지고 있는 향기라 말할 수 있습니다.

사람의 인성과 성품은 자신의 개성과 가치관을 반영하고, 표현하면서 발전시켜 가는 자신의 성장과 함께, 마음의 향기·감정 및 긍정의 풍성한 에너지로 타인과의 소통과 공유에서 자기 행동과 태도는 상황에 놓여있는 마음의 상태와 밀접한 관련이 있으며, 주변 상황과 상호작용하여 행동하는 언어·표정·감정은 그 사람 인간성의 성품입니다.

혈통을 통한 유전적 문화와 주변 환경의 영향을 통해 인간의 성품으로 발전하는 영향도 있지만,
가족 간에 의사소통과 부모님의 교육 방식에서도 개인의 인성과 성품으로 형성되거나 고정화되는 영향

도 있습니다.
또한 사회적 경험과 체험 등 다양한 활동으로 습득하고 터득하여 자신의 성품으로 성장시켜 나아갑니다.
자신의 성품으로 선택한 삶의 목표와 가치관을 추구하며 사회적 타인과의 연결과 소통에서 자신의 성품은 중요한 이미지 역할이 됩니다.

그러나 인간의 성품은 고정되어 있거나, 정체되어있는 것이 아니며, 지속으로 개선하고 발전하고 성장하지요. 사회적 다양함에서 타인과 소통에서 공유하고 배려하는 과정에서 자비와 온기로 만든 향기는 자신을 더 풍부하고 풍성한 삶으로 만들어 갑니다.

열린 마음으로 다양한 경험을 통해 자기 인식이 확장되고 새로운 환경 변화에 적응하면서 성장해 가는 여정에서 체험하고 경험하여 얻은 내면의 풍부함과 여유로움은 그 사람의 아름다운 향기입니다.

다양한 환경과 변화에 대한 적응은 내면의 풍부함과 자신만이 가지고 있는 인간성의 성품으로 만들어 가는 사람마다 각각의 독특한 향기가 있습니다.

따뜻하고 온기가 있는 내면의 풍요로움을 더한 향기

는 주변에 싱그러운 인간성의 향기로 전달되어, 혼자 있으면 혼자 있어 행복하고 둘이 있으면 같이 있어 행복하고 여러 명이 있으면 함께 있어 행복한 삶을 살아갑니다.

상대를 이해하고 배려하는 여유로움은 자신의 가치를 더 풍요롭게 만들어 가는 삶의 여정이며, 싱그러운 향기가 있는 자신의 긍정적인 성품이 주변 환경에 영향을 미쳐 긍정적인 에너지가 확장되어 갑니다.

다른 이들과 이해와 배려를 나누고 따뜻하고 친절하게 배려하는 마음에서 나오는 향기는 자신과 주변을 감싸는 따뜻함으로 자신을 더 풍부하고 풍성하게 만들어 갑니다.

사회적 관계와 주변 환경에서 마주하는 소통에서 성과와 능력의 다양성이 존중되는 문화입니다.

서로의 협력을 통해 더 나은 결과를 창출하는 과정에서 신뢰를 유지하고 실패와 성공으로부터 배우고 경험을 축적하면서 같이 있을 때 향기가 남은 물론, 멀리 떨어져 있을 때도 그 사람의 향기가 생각납니다.

이는 자신의 효능감을 높여주는 향기 있는 삶입니다.
이러한 여정에서 새로운 경험과 만남을 통해 우리는 더 넓은 폭과 시야를 가지게 되고 과거의 경험과 체험을 통해 성숙해 갑니다.

내면의 풍부함은 자기 자신을 깊이 이해하고 인식을 확장하며 내적 조화와 평온을 찾아가는 과정에서 더 나은 방향으로 나아가는 동기부여가 됩니다.
그리하여 더욱 아름답고 향기 있는 사람으로 자신을 나타내는 것이지요.

내적인 평온과 조화를 찾아 지속적인 자기 발전과 지혜의 삶을 살아 갈때, 이를 통해 자신의 잠재력을 계발하여 내면의 풍요로움을 실현하게 됩니다.

이는 자부심이 있고 당당한 삶을 추구하는 데 도움이 됩니다.

혼자 있을 때, 함께 있을 때, 긍정적인 마음을 갖고 당당하게 살아가는 삶은 자신을 사랑함과 동시에 가치를 인정하는 삶입니다.

이는 행복한 자기 존중과 균형 잡힌 삶을 살아가기

위한 출발점이 되어 주고, 자기 존재에 대한 긍정적 신뢰를 높이는 향기 있는 삶을 살아갑니다.

자신을 신뢰하고 사랑하는 여유로움에서 오는 평온함은 스트레스와 갈등을 최소화하고 삶의 순간순간을 긍정적으로 받아들이며, 현실에 집중하고 미래에 대한 고민을 최소화하여 삶의 진정한 의미에서 오는 만족감과 내면의 시스템에 의해 스스로 행복의 여정으로 찾아가는 호흡수행 입니다.

### 10. 부처님께 원을 세워 발원하다

부처님 중생들이 몸 가지고 살아가는 동안 삶에 대한 근심과 어려움을 극복하고 행복하고 평화롭고 안정적으로 살아가려면 마음에서 혼란하게 올라오는 번뇌·망상과 같은 어둡고 부정적인 에너지를 삭제하고 행복하고 긍정적으로 살아가다가 타고난 수명을 다하고 다시 태어날 때 세세생생 복락을 누릴 수 있는 아미타 부처님이 계시는 극락 세상에 태어나기 발원합니다.

극락 세상이 아니라도 인간 몸 받아 다시 태어날 때는 지금 살아온 몸보다 더 좋은 몸 받아 행복하게 살아갈 수 있도록 마음에서 일어나는 어두움을 걷어내고 내면의 밝은 지혜가 발현되어, 맑고 밝은 삶으로 안내하시는 부처님 가르침 따라 살아가겠습니다. 그러나 중생들은 눈에 보이는 형상은 믿고 보이지 않는 것은 믿지 않는 문화입니다.

소승은 무지하고 어리석은 중생입니다. 부처님께서 소승에게 계를 직접 주셨고 중생들의 업장 소멸 중책을 소승이 받았다는 인증서를 주시면 중생들은 눈으로 확인하면 믿습니다.

소승이 부처님께 발원하여 부처님의 거룩하고 불가사의한 원력·영험·가피가 풍성하게 들어있고 수행자의 소원이 정당한 소원이라면, 모두 성취할 수 있는 인증서와 방편문을 촛불 속에서 촛불이 춤을 추면서 모양으로 만들어지는 과정을 핸드폰으로 촬영한 사진 형태로 책에 실었습니다.

불교 역사에서 거룩하고 불가사의한 영적인 강력한 힘과 정신적 지배력이 있다는 믿음이 있고 그림이나 상상 속에서만 존재해 오던 신령스러운 영적 존재들을 호흡 수행자에게 행운을 드리고자 정법 수행을 안내하면서 공개합니다.

신령스러운 영적 존재들은 인간에 대한 정신적 지배력의 능력과 힘이 크다는 믿음은 불교를 비롯한 세계 종교에서 수천 년 이어온 믿음과 실질적이며 사실적 사례로 인정하고 있습니다.
부처님이 인증하신 신통하고 비밀스럽고 광대한 뜻이 담겨 있는 방편문에 대해 모두는 말하지 않고 일부만 설명합니다.

소승이 소지하고 있던 핸드폰으로 촬영한 사진이라 화질은 좋지 않지만, 거룩하신 부처님의 원력과 영험, 광대한 뜻이 들어있는 방편문을 수행자가 진실한 마음가짐으로 소지하기만 해도 액운은 소멸되고 경사가 일어나는 방편문입니다.

사진으로 올린 설명을 참조하시고 뜻하는바 모두 이루시고 행복하시길 축원합니다.

촛불이 불춤을 추며 모양으로 만들어진 사진과 5~6일 동안 촛불 속에서 불춤을 추며 형상으로 만들어지는 동영상도 있으나 차후에 공개할 예정입니다.

## 11. 부처님으로부터 계를 직접 받은 수행자

이 책에 사진으로 실린 방편문에 대해 말합니다. 법망경, 상좌부 23계 교만 법 설계, 수행자가 부처님으로부터 계를 직접 받는 두 가지 설명 중 하나의 방법은 스승님과 제자 사이에서 사람끼리 주고받는 계가 있고, 또 하나는 부처님으로부터 직접 계를 받는 방법을 말씀하십니다.

부처님 단 앞에 원을 세우고 7일 21일 100일 기도하여 부처님 감흥이 일어나면 계를 받은 것이다. 계를 받았다 하더라도 감흥이 일어나지 않으면 받은 것이 아니며 감흥이 일어날 때까지 기도해야 한다.

주석에 쓰여 있는 글.
감흥은 반드시 초와 향에서 일어나야 한다. 1700년대 지리산 칠불암 비구 00 가 토굴에서 수행하다 향에 불이 붙었다. 이렇게 선지식의 가르침과 주석으로 쓰여 있습니다.

촛불은 자기 몸을 태워 어두움에서 밝음과 빛의 희망을 주는 의미와 뜻으로 동서양을 비롯한 세계 모든 나라에서 종교적으로 또는 가정행사 문화에서 촛불 켜는 문화가 있습니다.

촛불 속에서 모양으로 나타나는 메시지는 예언·상징·기적·축복·행운과 같은 정신적 심리적 표현으로 받아들여지며 문화적으로도 널리 알려져 있습니다.

촛불은 타면서 불꽃 모양으로 메시지를 냅니다.
촛불이 타면서 불꽃을 피웠다.
촛불이 타면서 불꽃이 흔들린다.
촛불이 타면서 불꽃이 춤을 춘다.
촛불이 타면서 불꽃으로 모양을 낸다.
촛불이 타면서 촛농으로 모양을 낸다.
촛불이 꺼졌다.
촛불이 여러 가지 다양한 형상과 모양으로 내는 메시지의 표현이 신념·문화·종교적 관념에 따라 다를 수도 있지만, 심리적으로 해석해 보면 촛불에서 나오는 모양이 예언·상징·기적·축복·행운 등 촛불 켜는 사람의 정신적 심리를 지원해 주는 표현입니다.
지식이나 과학으로도 창작할 수 없는 불꽃에서 모양으로 만들어지는 현상은 눈에 보이지는 않지만,
영적인 힘을 갖춘 신령스러운 존재들의 불가사의한 힘에 의한 강력한 영적 메시지의 표현입니다.

## 12. 내가 살아온 기록이 업장이다

바람은 눈에 보이지 않지만 바람은 있습니다.
우주에는 바람이 업장입니다.
바람은 색이 없습니다.
바람은 향도 없습니다.
바람은 그물에 걸리지도 않고
바람은 그릇에 담기지도 않고

바람은 손에 잡히지도 않습니다.
바람은 구름 을 가져옵니다.
바람에 실려 온 구름은 비를 가져옵니다.
바람에 실려 온 비는 모든 생명에게 성장과
활력의 고마움을 줍니다.
바람은 맑은 하늘도 가져옵니다.
바람은 흐린 하늘도 가져옵니다.
바람은 추운 날도 가져옵니다.
바람은 더운 날도 가져옵니다.
바람이 화나면 태풍을 가져옵니다.
바람은 파도도 가져옵니다.
바람은 폭우도 가져옵니다.
폭우로 내리는 비는 땅을 뒤집고 수십 년 자란 강한 나무도 꺾어 장애로 만들고, 뿌리째 뽑아 나무의 생명을 가져가기도 합니다.

보이지 않는 바람으로 우주와 지구가 변화하는 이치와 같이 우리가 살아가고 있는 삶의 방향도 눈에 보이지는 않지만, 자기가 만들어 놓은 업장과 지은 복과 덕으로 밝음과 어두움으로 결정되어 탄생과 죽음을 반복하며 지속적인 윤회의 여정으로 살아가고 있는 것입니다.

자신을 조절하지 못하는 인간의 탐욕적 욕망으로 눈에 보이는 외적인 형상만을 쫓아가는 삶은 언젠가는 나 스스로 파멸을 쫓다가 실패할 확률을 높게 만듭니다.

수행을 통한 자신을 조절하는 능력을 키워 지혜로운 삶으로 살아간다면 이번 생의 삶에 의한 결과로 다음 생과 연결되어 이번 생보다, 더 나은 몸 받아 다음 생으로 윤회합니다.

내면에서 바람같이 나를 지배하는 업장은 색도 없고 향도 없고 눈에 보이지도 않고, 손에 잡히지도 않지만, 내 몸에 그림자처럼 쌓여 있다가 바람처럼 움직여 나를 지배하는 우주 자연의 질서에 의한 악과 죄가 많으면, 지금 현실의 삶은 어렵고 힘들게 느껴질 수 있게 합니다.

악행과 죄악은 인간관계에서 어둡고 부정적인 영향을 끼쳐 내면의 후회와 불안을 초래하고 어두운 에너지에 의한 삶의 여정에서 힘든 시기가 찾아오는 것은 우주 자연의 평범하면서 자연스러운 질서입니다.

우주 자연의 평범한 질서에 의한 선과 악의 원리는

종교와 철학에서 말하는 주제이며, 선과 악에 대한 성취나 보상원리는 세계적으로도 많은 문화에서 반영하고 받아들이고 있습니다.

과거의 선과 악의 결과물에 의한 현재의 삶에 영향을 미치는 원리는 우주와 자연과 인간과의 연결성에 의한 질서이며, 자신의 행동에 의한 결과를 반영하는 것입니다.

선행이란 상대에게 피해가 가지 않은 선량한 행위를 의미하며, 선행의 업이 많으면 지금 살아가고 있는 삶은 복과 덕이 많은 풍성한 삶으로 살아가고 있을 것입니다.
이러한 선행에 의한 행동의 결과물은 자연스럽게 긍정적인 결과로 이어져 만족감과 평온함을 느끼며 복과 덕이 넉넉한 풍요로운 삶으로 이어집니다.

자신의 선과 악의 행동이 현재의 삶은 물론, 다음 생까지 연결성으로 몸 가지고 있을 때 호흡 수행만 해도 복은 지어지고 죄가 닦아지는 도 닦고 공과 덕이 있는 순수한 마음을 갖춘 몸이라면 다음 생에 지금보다 더 좋은 인간 몸 받아 타인에게 존경받고 우러러 보이는 선망의 대상으로 살아갑니다.

선한 행동과 긍정적인 마음가짐은 자신에 대한 풍요와 스스로 복과 덕을 창출하며 내면의 저수지에서 발현되는 긍정적·도덕적 에너지는 타인은 물론 윤리적인 사회에 기여 하는 바가 큽니다.

우리는 도덕적이고 신뢰할 수 있는 사람들과 함께 일하거나 지내기를 선호하지만, 자신도 동일한 기준을 갖추고 평가받을 수 있는지 관찰해볼 필요가 있으며, 이러한 관점을 통해 서로 신뢰하고 이해하는 기반을 만들어 갑니다.

### 13. 업장 소멸 호흡의 힘

생명은 태어나는 순간부터 생명을 다하고 죽는 순간까지 호흡을 합니다.
우리의 호흡속에는 우주의 무한한 에너지를 자연과 인간과의 연결성으로 밝은 호흡이면 밝은 에너지를 어두운 호흡이면 어두운 에너지를 자신이 추구하는 삶에 필요한 에너지를 호흡으로 흡수하여 내 면의 몸 시스템을 작동시키며 자신이 추구하는 삶을 살아가고 있지요.

우리는 실수하고, 상대에게 상처를 주거나, 받기도 하는 어두웠던 순간들이 있습니다.
호흡 수행은 성냄과 어리석은 행동으로 인한 과거의

오류를 삭제하고 더 나은 방향으로 나아가기 위한 자기 계발 호흡 훈련입니다.
우리는 완벽한 사람이 아닙니다.
어떤 사람으로 살아가고 싶은지에 대한 비젼을 가지고 그 방향으로 나아가고 있는 것입니다.
나는 변화하고 성장하면서 행복으로 갈 수 있습니다.

업장소멸 호흡 수행은 자기 성찰과 어두움을 직시하고 내면의 깊은 그곳에 저장하고 있는 어두운 에너지로 인해, 기도나 수행을 해도 몸 시스템에서 발복이 일어나지 않아 힘쎈 황소같이 열정적인 노력만으론 적은 것은 성취할 수 있어도 큰 뜻을 이루기는 힘들지요.

종교와 관련이 없어도 인간 내면에 잠재하고 있는 부정적인 에너지에 의한 감정과 행동이 자신에게 영향을 미쳐, 어두운 에너지나 기운을 형성해 자신에게는 물론 외부에도 영향을 미칠 수 있습니다.

인간의 본성은 본래 광명의 빛인데, 내면에 저장하고 있는 어두운 에너지에 의한 업장을 삭제시키면, 본래 자신의 맑고 밝은 광명한 빛이 드러나 지혜가 발현되어 지혜롭고 현명하게 살아갈 수 있습니다.

인간의 내면에는 긍정적이고 밝은 본성이 있음에도 불구하고 부정적 에너지에 의해 감정이나 행동이 자신의 밝은 본성을 가리고 있어, 어두운 업장이라 표현합니다. 이때, 내면의 밝은 빛을 찾고 지혜롭고 행복하게 살아가고자 호흡 수행을 말하는 것입니다.

자신에게 긍정의 인식은 내면의 긍정적인 변화와 성장을 추구하는 과정에서 자기 이해와 타인들과 소통을 공유하며 자신의 경험과 인식을 표현으로 나타내는 것은 각각의 인간성이며 그 사람의 성품입니다.

호흡 수행을 통하여 내면의 심리적·안정적 성장과 학습을 통해, 자아개념이 상승하여 자신이 추구하는 방향으로 발전할 수 있도록 내면에서 긍정의 에너지를 발현시키고 외부에서 받는 영향과 내적인 요인들로 인한 부정적 에너지를 삭제시키므로, 긍정적이며 맑고 현명한 사람으로 살아가게 됩니다.

인간의 기본적인 본성은 선하고 도덕적 가치를 지니고 있습니다.
어린 시기에서부터 안정된 양육 환경에서 자란 인성과 성품은 성인이 된 후에도 신뢰감을 형성하고 심리적 감정적 풍요로움으로 사회적 상호작용, 인지능력 등 다양한 측면에서 따뜻함과 긍정적인 인성이 풍부해지도록 만들어 갑니다.
사람의 성격적 특성이나, 감정적 어두운 성품을 교정하거나 수정하는 방법을 찾고자 한다면 마음 닦음 호흡 수행이 으뜸입니다.

인간의 특성은 삼라만상의 우주와 같이 복잡함과 다양한 조화의 연결성으로 환경적 영향이나 상황에 따라 감정으로 일어나는 행동과 태도는 사람마다 각각의 성품과 인성으로 다양하게 표하지요.
동일 문화와 같은 가정환경에서 자란 쌍둥이도 서로 다른 행동과 감정으로 자신을 표현합니다.

어떤 상황에서는 쾌활하고 긍정적인 감정을 나타내지만, 다른 사람은 같은 상황에서도 스트레스나 불안을 느낄 수 있습니다.

내면의 감정에서 나오는 성격과 특성을 조절하고 유연하게 대처하는 마음의 힘을 키우는 호흡 수행으로 사회적 다양한 환경에 적응할 수 있는 자기 조절 유연성을 갖춘 사람은 문제가 발생해도 창의적으로 해결하고 변화에 대한 두려움이 없습니다.

새로운 지식을 습득하고 소통하며 적응하면서 사회적 인간으로의 처신과 대인 관계의 원활한 운영 능력은 물론, 실패를 배움의 기회로 대처하는 여유와 긍정의 에너지를 유지하며, 다양한 환경에서 성공적인 삶으로 상승할 수 있는 방향으로 스스로 찾아가는 마음의 지혜이자, 자기 계발 능력을 상승시키는 노력이 호흡수행입니다.

## 14. 숟가락 젓가락은 밥맛과 반찬 맛을 모른다

불교에서 말하는 업장은 자신의 행동과 행위의 결과물을 말하는 것이며 과거·현재·미래의 연결성으로 행위의 결과물에 대한 심판개념입니다.

순간순간 다양하게 변화하는 환경에서 말하고 행위를 한 기록이 내 몸 세포에 어떠한 원리로 만들어지고 저장되는지 알아야 지우거나 소멸하는 방법도 말할 수 있습니다.

막연하게 어떻게 하면 될 것이다.
그렇게 하면 좋다.
복 지으면 죄도 함께 없어지는 줄 착각하게 안내하는 것은 숟가락과 젓가락 같은 가르침이며, 불자들은 막연하고 어렵게 받아들여질 수가 있습니다.

숟가락은 아무리 많은 밥을 퍼 날라도 밥맛과 찌게 맛을 모르고 젓가락은 아무리 많은 반찬을 집어 날라도 반찬 맛을 모르듯이 업장이 만들어지고 몸 세포 어디에 쌓이고, 어떻게 지워야 하는지 모르는 숟가락, 젓가락과 같은 안타까움을 느낄 때가 있습니다.

몸 가지고 살아가면서 자신이 말하고,
행동한 기록이 어떠한 원리로 만들어지고,
내 몸 세포 어디에 저장되는지,
자세히 알고 불자들에게 안내해 주면 수행자들은 쉽게 이해하고 받아들입니다.

소승은 우매하여 팔만 사천 경전 내용의 뜻과 모두를 기억하거나 다 알지는 못합니다.

그러나 사람 몸에서 업장이 어떻게 만들어지고, 어디에 저장되는지 찾아내고, 저장된 업장을 삭제시키고, 삼악도(지옥,아귀,축생)를 무너트리는 수행을 석가모니 부처님, 관세음보살님, 지장보살님. 삼불 부처님으로부터 중책을 받았습니다. 이 말의 뜻은 호흡 수행으로 확인할 수 있습니다.

누구나 맑고 밝은 행복한 삶을 추구하며, 지금의 현실에서부터 다음생의 연결성으로 상승을 추구하는 분이라면 누구라도 내면의 어두운 기록을 삭제하면 자신이 추구하는 목표를 풍성하게 이루어 나아갈 수 있습니다.

업장은 자신이 말하고 행동한 기록이 1차 머리에 보관되어 있다가 수면하는 시간에 오장과 육부로 내려가 내 몸 세포에 저장됩니다.

눈·귀·코·입·몸·촉 감각기관으로 느끼고, 생각하고 말하고, 행위 한 결과물은 1차 뇌에 저장된 데이터는 7식 말라야식입니다.

1차 뇌에 저장되어 있는 데이터는 수면시간에 심장·간장·신장·폐·비장 등 오장으로 내려가 저장된 기록이 8식 무의식 아리야식입니다.

무의식보다 한 단계 "더 아래에 저장된 9식 암마라식"은 잠재의식이며. 공성의 자리이고 의식·무의식·잠재의식에서 올라오는 에너지를 융합하여 의식적 생각으로 말하고, 행위의 결과물을 몸 세포에 저장하고 있는 기록을 호흡 수행을 통한 유리창 닦는 것과 같이 내면의 부정적 어두운 에너지를 삭제하면, 아무것도 없는 텅 빈 허무함을 느끼는 자리, 그 자리가 부처님의 많은 가르침 중에서 손가락으로 공을 표현하시는 암마라식 자리입니다.

타, 종교에서 불교를 이해하지 못하고 비판하는 그 자리, 불교는 허무주의를 추구하는 종교다. 혹은 혈육도 버리고 욕망도 버리고 마음도 내려놓고 다 버리고 내려놓으면, 아무것도 없고 허무하다라고 말하는 "그 자리, 그러나 불교는 9식 암마라식" 그 자리가 불교 수행 목적과 끝이 아니라는 것을 모르고 하는 말입니다.

9식 암마라식, 공성의 자리에서 한 단계 넘어가면 10식 여래 장식이며, 여래 장식을 표현한다면 물속에서 곤충으로 있던 잠자리가 물 위로 올라와 허물을 벗고 날개를 펼치는 자리, 물속에서 곤충으로 있던 나비가 물 위로 올라와 허물을 벗고 날개를 펼치는 자리, 견성·깨달음·진리의 자리입니다.

견성·깨달음을 성취하면 계란이 알에서 부화하여 병아리가 되어 세상을 보는 것과 같고, 물속에서 곤충으로 있던 잠자리와 나비가 허물을 벗고 날개를 펴고 날아다니는 세상을 상상하면 됩니다.

계란이 병아리 세상에 대한 상상이 안 되는 것과 같이 중생이 사물이나 형상을 보고 해석하는 생각과 견성·깨달음 세상은 사물을 보는 시각은 같으나 해석은 다릅니다

## .15. 업장이 내 몸 세포에 저장되는 원리

사람 내면에는 의식과 무의식 잠재의식이 있습니다. 마음에서 느낌과 감정 생각이 일어나는 원리는 의식적으로 자신이 활동한 기록이 1차 뇌에 저장되어 있다가 수면에 의한 의식적인 활동이 멈추고 수면을 취하는 동안 무의식의 활동으로 뇌에 쌓여 있던 의식의 1차 기록이 무의식 마음으로 내려가 내 몸 세포에 저장됩니다.

수면을 취하지 않으면 의식으로 말하고 활동한 기록이 계속 뇌에 쌓여 뇌 기능의 용량초과로 과부하가 걸려 머리가 띵 하거나 컨디션이 흐트러지고 몸 시스템의 리듬이 깨져 정신적으로 불안정한 현상이 일어납니다.

수면을 취하면 잠자는 동안 의식으로 활동했던 1차 뇌에 보관되어 있던 기록이 무의식 활동으로 내 몸 오장육부, 마음으로 내려가 뇌는 맑아지고 몸 시스템에 의한 정신적 컨디션은 정상으로 돌아옵니다.

사람 몸엔 오장과 육부가 있습니다.
심장·간장·신장·비장·폐장을 오장이라 합니다.
내가 몸 가지고 생각하고 말하고 행동한 기록을 내 몸 세포에 그림자처럼 쌓아가다가 타고난 수명을 다하고 죽으면, 그 기록으로 심판받아 다음 세상 천당, 극락, 인간 세상, 축생 지옥으로 윤회하며 자신이 살아온 결과물에 의한 다음 세상 새로운 삶의 여정은 우주 자연계의 평범한 질서입니다.

사람 몸 오장에 데이터가 쌓이는 기록을 말합니다.

**심장** : 심장에 보관되는 데이터는 자기의 마음을 표현할 때 하트를 표현하고 어떠한 예상하지 않았던 일이 발생하면 심장이 뛰는 경험이 있는 것과 같이 기억·믿음·긍정·사랑·배려·인정·감정·호감 등의 관련된 데이터가 보관됩니다.

인간 내면에 깊은 흔적이 남아있을 때 그 정보를 기반으로 한 생리적 반응과 감정적인 충격을 나타내는 심장에서 반응하는 것입니다.

**간장** : 간장은 어떠한 연결이나 상황이 변화하여 손상되면서 아픔과 슬픔을 느끼는 그것을 의미하며 애간장이 녹는다는 말과 같이 창자가 끊어지는 아픔·아쉬움·미련·갈망·후회·실망·분노·애환·슬픔 등과 관련된 감정적인 데이터가 보관됩니다.

**신장** : 신장의 역할은 혈액의 불순물을 여과하여 다시 혈류로 돌려보내는 체내의 밸런스 유지·노폐물 제거·소변으로 배출하는 역할 및 심장·간장·비장과 함께 체내 액체의 적정농도를 유지합니다.

뇌와 연결된 지능에 관련된 복잡한 정보 처리 능력은 혈액이 건강하면 혈압·혈당·호르몬 등 전체적인 건강 상태와 육체에 순환하는 혈액이 맑아 건강한 뇌 기능과 기억력·창의력·IQ에 관련된 데이터를 보관하는 곳입니다.

**폐장** : **폐장은** 몸 전체에 연결된 혈류에 산소를 공급해 주고 신체의 모든 세포와 조직에 호흡으로 다양한 에너지를 전달합니다.
적극적이다.
소극적이다.
통이 크다.
통이 작다.
배짱이 있다.
배짱이 없다.
위와 같은 폐와 혈관이 활발하게 기능하는 관련한 데이터를 보관하는 곳입니다.

**비장** : 비장은 혈액 여과·저장·면역기능 및 생성에 관여하고 신체의 근육과 신경계의 조화와 유지하는 평형·균형·근육·관절·인체 시스템 간의 연결성으로 심리적 건강과 신체와 연결된 밸런스와 정신적 감정조절에 관련되어 더하고 덜한 지구력, 인내심. 감정적 지속시간 등과 관련된 데이터가 보관됩니다.

인간이 생명을 유지하며 활동하면서 인지하고 기억하고 목표를 추구해 가는 다양한 삶에서 생성된 데이터가 내면에 쌓여 있다가 마음으로 올라오는 생각·감정·느낌·관념은 신체 내의 다양한 조직 기관 및 세포와 뇌로 연결이 됩니다.

깊은 집중력에 의한 관찰로 모든 병은 마음에서 일어난다는 말과 같이 호흡 수행은 마음의 병을 치유하고 내면을 맑게 밝혀 추구하는 목표를 성취하고 긍정적이며 행복한 삶으로 안내하는 수행입니다.

사람이 어떠한 형상을 생각하거나 시각적으로 보이는 과정에서 마음에서 감정으로 일어나는 것은 내가 살아오면서 체험하고 좋다·싫다·길다·짧다·높다·낮다·크다·작다로 습득하고 터득한 데이터를 내 몸 세포에 저장하고 있다가 자신의 성품과 인성으로 결정하고 행위 하며 살아가는 것이 그 사람의 성품이고 인성입니다.
업장이 두꺼우면 어둡게 살아가고 업장이 얇으면 맑고 밝게 살아가는 것이며 좋은 사람 안 좋은 사람이 정해져 있거나 태어나는 것은 아닙니다.

**16. 업장 소멸 호흡 참선 수행**

불교 종교의 다양한 수행 기법 중 호흡 수행은 자기 내면을 관찰하여 어두움을 걷어 내고 스스로 개선하여 견성·깨달음을 향한 목적도 있지만, 자신의 기와 운이 상승으로 가기 위한 적극성을 키우며 자기통제와 감정을 관리하고 죄 닦고, 도 닦음, 호흡 수행으로 내면의 평정을 찾고 자신의, 삶을 상승으로 가기 위한 변화를 가지려는 목적도 있습니다.

수행자는 호흡에 집중하면서 몸과 내면의 상태를 집중관찰 하며 자신과 다른 모든 존재에 긍정적인 태도와 다른 이들에게도 평등적 가치관을 키우고 지난날 말하고 행위 했던 과거의 기록들이 생각이나 감정으로 떠오르는 그것들은 업장(죄)이라 말합니다.

호흡 수행을 할 때, 내면에 쌓여 있다가 떠오르는 과거의 기억들에 의한 그것들을 식별하고 이해하며 코로 천천히 길게 들이마시는 들숨과 입으로 천천히 길게 불어내는 날숨·들숨·날숨, 호흡을 하루 1시간을 목표로 반복적으로 지속하면 일상생활 중에 과거에 있었던 그것들이 마음에서 올라오는 번뇌와 삿된 망상 등을 삭제하는 능력을 키우고 마음의 정화를 가져와 부와 행복 성공으로 가기 위한 내면의 무한한 잠재력을 깨우고 발전시킵니다.

내면의 잠재력은 자신의 능력과 무한한 가능성을 의미하며 잠재력을 깨우고 발전시켜 성장과 변화를 이루어 부와 명예·행복·성공적인 삶으로 살아가기 위함입니다.

이 책에서 안내하는 호흡 수행은 코로 들이마시는 들숨에 포인트가 있는 것이 아니며, 들이마신 호흡을 입으로 길게 불어 내보내는 날숨에 포인트가 있는 수행입니다.

코로 들어 마신 호흡을 길고 깊게 입으로 불어내는 것에 집중하면 호흡 속에 부처님 원력이 들어있어, 과거의 어두운 감정과 기억으로 떠오르는 생각들은 쉽게 지워지는 신비로움이 있습니다.

지속적인 수행을 통해 지난날의 어두운 상처에 대한 자기용서와 지금은 어디에 있는지 알 수는 없지만, 다른 이들에 대한 화해와 용서를 나눔으로써 자신의 업장을 삭제하고 소멸시키는 호흡입니다.
내면의 어두움을 삭제하고 긍정적인 감정을 키우며, 마음의 길을 여는 도 닦음, 호흡이며 차분하게 수행으로 얻은 경험과 지혜를 통해 긍정적 마음의 힘을 강화하기 위한 지속적이고 꾸준한 인내심이 필요한 수행입니다.

시작할 때는 가볍게 작은 단계부터 연습하는 기분으로 호흡하는 것이 좋습니다.

몸이 어느 정도 편하게 적응하면 하루 1시간을 목표로 집중 수행하고 몸에서 일어나는 변화와 기억과 생각으로 떠오르는 번뇌와 망상. 부처님께서 주시는 다양한 가피에 대한 수행 점검을 받으면 수행의 효과가 빠릅니다.

수행 중에 마음에서 올라오는 지난날의 아쉬움·미련·후회·분노·민망함·슬픔 등 자신이 살아오면서 참고 억눌려 있었던 것들이 시간이 지나서 없어지고 사라진 것이 아니라, 내 몸 세포에 한 치의 오류 없이 저장되어 있음을 체험하게 됩니다,

지난날의 다양한 그것들이 마음에서 올라오는 그것들 중 슬픔이 올라오면 자신도 모르게 슬퍼져 눈물

이 나고 분노가 올라오면 이유 없이 화나 있고 민망함이 올라오면 스스로 민망해지는 마음에서 감정으로 일어나는 현상은 자신이 호흡 수행을 잘해서 내면에 저장되어 있던 감정이 수행의 힘으로 올라오는 과정에서 느끼는 감정일 뿐입니다.

그러니 슬퍼하지 말고 화내지 말고 민망해하지 마시고 지난날 자신에게 그러한 것들이 있었구나 하고 그것들을 생각하면서 호흡 속에 담아 입으로 천천히 길게 불어내세요.

그 호흡 속에 부처님의 원력과 영험, 가피와 감흥이 풍성하게 들어있어 내면의 어두운 에너지에 의한 그것들은 자동으로 쉽게 삭제되면서 삶의 여정에서 엉킨 것이 스스로 풀리고 추구하는 다양한 재물복이 쌓이는 과정을 순간순간 지속으로 보여주시는 수행입니다.

코로 길게 들이마시고 입으로 깊고 길게 불어내는 호흡 수행은 마음의 평온함과 순간순간 마음에서 올라오는 자신의 감정조절 능력을 상승시키며, 내면에 쌓여 있는 어둡고 부정적인 감정을 삭제함으로써 맑고 밝은 청정한 사람으로 변화해 가는 긍정적인 마음가짐을 만들어 줍니다.

이는 사회적 다양한 환경에서 밝고 활기찬 희망을 만들어 갈 뿐만 아니라 주변 상황에도 긍정적인 영향을 줍니다.

우리의 삶은 다양한 도전과 어려움이 있는 여정입니다. 호흡 수행은 살아가면서 불가피하게 발생하는 다양한 일상에서 자기를 보호하고 지켜내는 적절한 자기방어와 균형을 찾아 자부심을 가진 당당한 마음으로 희망을 찾아 행복한 삶의 여정을 계속하기 위함입니다.

**17. 전생이 있습니까?**

있다면 왜 기억을 못 합니까?

삶과 죽음, 전생과 현생에 대한 개념은 죽은 후에 부활하거나 다른 형태로 환생한다면 전생이 있는 겁니다. 몸 가지고 살다가 수명을 다하고 죽어서 극락 가는 영혼, 천당 가는 영혼은 몸 가지고 있는 현생이 전생입니다. 사람이 몸 가지고 있으면 인간이고 사람이고 현생입니다. 몸 없으면 몸 가지고 살았을 때가 전생입니다.

우리는 잠을 자면서 꿈을 꿉니다.

기억할 수 없는 옛날 문화생활을 배경으로 꾸는 꿈은 내가 전생에 그 시대에 살았던 무의식의 기억을 배경 삼아 드라마같이 꿈으로 만들어지는 것입니다. 이는 계속되는 순환과정에서 죽음과 탄생이 반복된다는 방증이며, 윤회는 삶과 죽음의 연결성으로 몸 가지고 있는 삶이 끝날 때마다 새로운 형태로 다시 시작하는 삶을 육도윤회라 하고 불교의 궁 극적 목표는 윤회를 벗어나 견성·깨달음을 성취하고 해탈하는 것을 목표로 합니다.

또 소승이 수행 점검하는 과정에서 빙의가 사람 몸에 들어있어, 빙의와 대화를 해 보면 빙의가 언제 사람 몸에 들어왔다든가, 어떠한 인연으로 몸에 들어와 있는 원인을 말하는 것만 보아도 전생이 있다는 생각이 듭니다.

이러한 과정에서 지구 나이가 45억 년이 넘는다고 하는데 인간의 수명이 100년이라면, 몇 번을 태어나고 죽어서 윤회하고 환생하고 있는지 정확히 알 수는 없습니다. 다만, 사람이 죽으면 잠자는 것과 같이 편안하게 휴식하는 것은 아닙니다.

죽음과 동시에 자신이 살아온 결과물로 심판받아 다음 세상으로 윤회하는 여정에서 원한으로 인한 업장이 두텁고 무거워 무주 구천을 떠도는 원결이 아니라면, 육체가 죽은 뒤 바로 다른 몸으로 바꿔 다음 세상 윤회하는 곳 새로운 세상에 태어납니다.
귀신이 따로 있는 것이 아니라, 내가 몸 가지고 있을 때는 인간이고 사람이었다가 수명을 다해 몸 잃어버리고 몸 없으면 내가 영적으로 귀신이 되는 것입니다.

사람이 타고난 운명을 다하고 죽으면 땅에 매장으로 묻히거나, 화장 즉, 불로 태워서 장례 치르는데 내 육신이 죽어 땅에 묻히면, 내 영혼은 시체와 같이 땅에 묻히지 않고 내 영혼은 몸에서 떠나 다음 생 몸 받아 새로운 여정으로 윤회합니다.

내 몸이 화장으로 태워지면 내 영혼이 불에 태워져 없어지는 것이 아니라, 사대육신만 불에 태워지고 화장되는 것이며, 몸에서 빠져나온
영혼이 진정한 '나'입니다.

인간의 몸은 진정한 '나'가 아니며, 내 영혼이 살기 위해 몸이란 집을 지은 것입니다.

인간은 죽는 것이 아니며, 계절이 바뀌거나 옷이 해져지면 옷 갈아입는 것과 같이 몸 바꿔입으러 가는 것을 죽었다고 착각하는 것입니다.

영혼은 죽는 것이 아니라 불멸성이고, 내 몸은 내 영혼의 임시 주거지입니다.
육체의 죽음은 내 영혼의 진정한 나의 새로운 시작의 여정입니다.

인간 육체의 수명은 정해져 있지만, 영혼의 생명 주기는 정해진 것이 없고 끊임없이 변화하여 상승으로 발전할 수도 있고 나락으로 퇴보할 수도 있습니다.

악행으로 죄가 많으면 끝없는 나락으로 떨어지고, 선행이 많으면 더 높은 수준으로 끝없이 상승할 수 있는 고정적이지 않은 영적·윤리적으로 지속해서 발전과 퇴보할 수 있는 존재입니다.

인간이 윤회하는 것은 몸 가지고 살았던 자신의 행동에 대한 책임의 심판개념입니다.

## 18. 부처님이 주시는 가피의 종류

몸 가지고 살아가는 동안 자신의 의도와 행동과 행위의 결과물이라고 할 수 있는 선행으로 선행의 씨앗을 뿌리고 악행으로 악행의 씨앗을 뿌리며 살아가는 여정 속에서 지금 선행했어도 선행의 열매가 맺어 돌아오기 전까지는 불행이 일어날 수도 있습니다.

지금 악행 했어도 악행의 열매가 맺어 돌아오기 전까지는 기쁨이 올 수도 있습니다.
선과 악의 행위의 결과물이 결실을 보아 돌아오기 전까지는 반대 현상이 올 수도 있습니다.
부처님 가르침으로 받을 수 있는 가피의 종류는 꿈속에서 받는 몽중 가피, 현실에서 바로 이루어지는 현증가피가 있습니다.

현실에서 즉흥적으로 달라지는 것을 느끼지 못하나, 작년보다 올해가 더 좋아졌고 이달보다 다음 달이 더 좋아지고 시간이 지날수록 점차적 상승으로 좋아지는 명훈가피 가 있습니다.
세 가지 가피 종류 외에 부처님이 직접 영적으로 친견해 주시며 가르침을 주시는 감흥도 있습니다.

부처님이 주시는 가피는 수행자의 각각의 성품 따라 맞춤식으로 주시고, 공과 덕을 닦은 복과 법력으로 현생에서부터 다음 생으로 연결되는 조건의 윤회에서 지금보다 더 나은 환경으로 인간 몸 받아 다시 태어날 수 있는 업장 소멸 호흡 수행입니다.

불교에서 말하는 업장은 좋은 뜻으로 말해서 업장이라 말하며, 사실대로 표현하면 내가 살아오면서 지은 죄를 업장이라고 말합니다.

부처님의 불법수행 가르침이 이천 육백 년 넘게 이어 오는 동안 선지식들께서 여러 가지 다양한 방법으로 장엄해 놓으신 위대함도 있지만, 지난날 자신이 말하고 행위 한 자신의 업장을 확연하게 보여주면서 삭제시키는 수행을 이 책에서 소개합니다.

업장 소멸 완결판으로 수행 방법은 간단하고 핵심적인 것만 적었으니, 가정에서나 어디에서든 시간과 장소에 관계 없이 하루 1시간을 목표로 정자세로 앉아 호흡 참선하면 아쉬움·미련··후회·억울함·슬픔·분노·민망함·어리석음 등 삼라만상의 다양함 속에서 적응하며 살아오면서 말하고 행동한 기록을 내 몸 세포에 저장하고 있는 흐리고 어두운 부정적 에너지를 호흡으로 정화하고 삭제시켜 줍니다.

이를 통해 맑고 밝은 긍정의 힘과 지혜가 발현되어, 추구하는 일마다 긍정과 화합·성공으로 이어져 존중받고 인정받는 사업자는 사업 성공·자녀 성공·가정화합에서 오는 행복의 즐거움이 상승하는 부처님 가르침입니다.

과학이나 인간의 능력을 초월한 위대하고 거룩한 신성한 존재로부터 혜택이나 가호를 받는 것을 부처님이 주시는 가피라 말합니다.

꿈속에서 부처님이나 불보살님이 나타나셔서 자신이 염원하고 있는 소원이 이루어진다는 다양한 형태의 메시지를 받는 것 등 숫자로 헤아릴 수도 없고 무게로 가늠할 수도 없는 수행자들이 염원하는 다양한 소원이 정당한 소원이라면 모두 이루어 갈 수 있는 지혜를 발현하여 몸 가지고 살아가면서 반복적인 탄생과 죽음이란 윤회의 갈래를 벗어나 견성·깨달음·해탈을 향한 가르침도 부처님이 주시는 가피입니다.

## 19. 지금 나는 어디에 있는가?

지금 내가 있는 곳은 어디인가.?

동·서·남·북·아래·위·중앙 방향의 지표가 있을 때는 알 수 있지만, 우주의 범위와 구조를 측정하지 못하고 있는 현실에서 자신이 있는 곳이 어디인지 알고 있는 사람은 없습니다.

자신이 어디에 있는 줄도 모르고 살아가는 중생이 자기중심으로 내가 행복하면 모두가 행복한 세상으로 보이고 어두운 사람이 보는 세상은 어둡게 보이는 것일 뿐 자신이 보고 있는 세상이 전부가 아님을 알아야 합니다.

인간의 주관적인 감정과 태도는 그 사람의 사실적 현실로 세상을 바라보는 인식과 동일합니다. 자신이 행복감을 느낄 때는 주변의 다양함을 긍정으로 해석하고 현실적 상황이 어둡거나 부정적일 때는 주변환경을 자신이 느끼고 있는 부정적 상황으로 느끼게 됩니다.

내면의 의식과 무의식에서 생각이나 느낌으로 올라오는 감정은 내 생각일 뿐이지 전부가 아니며, 우리는 현실이나 미래를 예측할 때 자신의 고정관념에서 오는 생각이 전체가 아님을 알아야 합니다.
누구나 긍정적인 마음가짐을 유지하고 있다면 긍정적인 에너지가 몸 시스템에 의한 작동으로 기와 운이 상승으로 발현하여 긍정으로 살아가게 됩니다.

부정적인 마음가짐이면 어두운 에너지를 흡수하여 어둡게 살아갑니다

.
자신의 관념에서 오는 생각, 감정, 느낌은 어디까지나 내 생각일 뿐이며 전부가 아닙니다.
하나의 지구에서 인간과 함께 살아가고 있는 여러 생명체 중 배로 바닥을 기어다니며 세상을 관찰하는 생명체가 있고,

네다리로 걸어 다니며 세상을 관찰하는 생명체가 있고, 두 발로 걸어 다니며 세상을 관찰하는 생명체,

하늘을 날며 세상을 관찰하는 생명체가 있습니다. 이들이 살아가는 세상은 각각 다른 세상입니다.

각자 그들이 살아가는 세상일 뿐이며, 인간이 보는 세상도 각자 자신이 보는 세상일 뿐이지 전체가 아님을 알아야 합니다.

사람이 눈으로 볼 수 있는 것도 한계가 있습니다. 멀리 보는 것은 망원경으로 봐도 다 볼 수 없고 작은 것은 현미경으로 봐도 다 볼 수 없습니다.

눈으로 보는 것, 귀로 듣는 것, 생각과 감정으로 느낀 것은 단지 내가 보고 있는 나의 세상일 뿐입니다. 좋다·싫다·길다·짧다·높다·낮다·크다·작다는 상대에게 있는 것이 아니라, 내 마음에서 일어나는 분별심입니다.

불행·분노·슬픔·괴로움은 원래 없는 단어였는데 사람들이 소통하기 위해 만든 단어를 내가 마음으로 붙들고 있기에 스스로 괴로워하며 자신을 사랑하지 않는 불행한 마음을 가지고 어둡게 살아가는 안타까움이 있습니다.

인간의 궁극적 최고의 가치를 목표로 하고, 자신을

상승의 기운으로 만들어 가는 호흡 수행은 살아오면서 배우고 터득하고 쌓아온 지식을 지혜로 바꾸어 사용할 수 있는 긍정의 즐거움이 있습니다.

수행으로 얻을 수 있는 즐거움은 맑고 밝은 통찰력에 의한 시야의 폭이 넓어 상대를 이해하고 배려하는 마음은 향상하여 자신의 생각·태도를 조절할 수 있는 긍정적 마음 작용으로 더 나은 나를 만들어 가며, 서로에 대한 배려와 이해로 긍정적이며 풍요로운 관계를 유지합니다.

호흡 수행을 통한 내면의 어두운 에너지를 걷어 내면 상대방에 대한 이해의 폭과 세상을 바라보는 시야도 넓어져 사물을 보는 시각은 같아도 어두움·혼란의 무지에서 벗어나 지혜로운 통찰력에 의한 판단으로 정확성이 높고 지혜롭게 해석하고 결정하는 심리는 안정적입니다.

호흡 수행은 내면의 긍정의 자부심에서 올라오는 표현력과 행동으로 스스로 자기 미래의 삶과 행복을 창출해 가는 나를 업그레이드하는 자기 계발 훈련입니다. 내면의 맑고 밝은 청정함으로 지혜·진리·견성·깨달음과 해탈을 향한 돈오돈수, 비우고 버리는 업장 소멸과 깨달음을 단박에 성취할 수 있는 수행입니다.
이 책에서 안내하는 수행은 특정된 장소가 아니라도 가정이나 개인적 편리한 공간, 낮과 밤, 새벽, 시간과 장소, 횟수와 관계없이 편리한 시간을 선택하여 하루 1시간을 목표로 호흡 수행으로 몸 시스템으로 작동하고 있는 감각·생체리듬을 수행자가 추구하고 목적하는 방향으로 내면의 시스템을 작동하게 하여, 스스로 자신의 인생 농사지으며 나로 인해 주변 상황이 긍정과 행복으로 넓어져 가는 수행입니다.

추구하는 것을 성취하고 목표하는 곳에 도달하도록 자신을 계발하고 무지에서 오는 어두운 번뇌·생각의 망상·삿된 것·내면의 혼탁함·마음에서 일어나는 장애를 제거하면 몸과 마음이 맑고, 청정해져 현명하고 지혜롭고 행복하게 살아갈 수 있습니다.

우리가 살아가고 있는 세상은 괴로움과 고통, 흐리고 어두움으로 혼탁한 세상으로 혼합되어 있습니다.

무지와 어리석음에 빠져 혼탁·성냄과 분노, 탐욕·욕망, 싫음과 외면, 믿음·실망, 사랑·질투, 행복·불행, 모자람·넘침, 애착·무관심 갈망·외면, 진실·거짓, 지식·무지, 미련과 아쉬움, 후회의 삶으로 살아가고 있는 나의 내면은 자신도 모르게 흐려져 가고 있습니다.

흐리고 혼탁한 세상과 무지에서 오는 혼란한 마음을 정화하고 삭제시키면, 본래 자신의 맑고 밝은 지혜가 드러나 경쟁하지 않아도 인정받고 싸우지 않아도 승리하고 비워지면 채워집니다.

원하는 것을 성취하는 자부심과 당당함에서 오는 마음의 힘이 커지고 정당한 소원이라면 모두 다 이루어 가며 빠르게 변화해 가는 시대에 맞춰 추구하는 목표을 성취해 나아 갑니다.

## 20. 내 인생의 농사는 내가 짓는다

사람은 시각으로 보고, 체험으로 경험 및 습득합니다. 또한 느끼는 감정과 생각으로 말하고 행동할 수 있는 지식과 지혜와 진리가 있습니다.

지식은 살아가면서 발생하는 다양한 경험과 교육·정보·사실을 습득하여, 외부적인 정보를 체험한 데이터를 취득하여 내 몸 세포에 저장해 놓은 것을 후천성 지식이라 말할 수 있습니다.

지식은 사각형 박스 전면만 보고 즉각 반응하는 것을 지식으로 살아가는 삶이라 말할 수 있습니다. 지난날을 돌아보면 바람직스럽게 잘한 것은 별로 없고 아쉬움·미련·후회가 남는 삶으로 계속 이어가고 있는 여정입니다.
지식으로 살아가는 삶에서 현실적인 어떠한 결정을 했다면, 시간이 지난 뒤에 잘못된 결정으로 간혹 오류가 생기는 것은 지혜가 아닌 지식의 결정이었기 때문입니다.

지혜는 지식을 넘어 다양한 상황에서 윤리적 판단으로 깊은 통찰력을 동반한 이해력으로 사각형 박스 뒷면까지 관찰하고 이해하고 가치를 동반한 도덕적 판단으로 결정하는 것을 지혜라 말할 수 있습니다.

말하거나 행동하기 전에 한 번 더 생각하고 상대를 배려하는 깊은 마음은 지혜 있는 행동이라 말할 수 있으며, 지혜 위에 진리가 있습니다.

진리는 사실·거짓·주장·가설·현실 논의에서 옳고 틀린 것으로 판단한 것을 다양한 분야, 다양한 방식의 표준으로 정의가 된 것을 말합니다.

참과 거짓의 표현이 시간이 지나고, 세월이 지나도 수정하거나 번복되는 것은 진리가 아닙니다.

현실의 참된 사실과 문제 해결에 윤리적 판단은 성인의 영역에 들어서야 결정할 수 있는 진리입니다.

사각형 박스 동·서·남·북, 사면과 아래·위·중앙을 깊은 통찰력으로 이해하고 판단하고 결정한 결과에서 시간이 지나도 오류가 나지 않아 수정되지 않으면 진리라 말할 수 있습니다.

우리는 지식이 최고인 줄 알고 배우고 터득하고 습득하면서 살아가지만, 지식 위에 지혜가 있고 진리가 있습니다.

호흡 수행은 태어날 때의 운명과 관계없이 현실의 삶에서 더 나은 방향으로 미래의 행복과 성공으로 가기 위한 지혜의 삶이며, 내면의 잠재력에 의한 능력을 상승시키는 자기 계발 훈련입니다.

무엇을 하든 어디에 있든 존중받고 인정받으며, 자신의 기와 운을 상승으로 작동하게 하여 뜻하는 소원은 자신의 능력으로 성취해 가며 부족한 부분을 채워나가는 업장 소멸 수행입니다.

나는 나를 통제하거나 나의 선택으로 태어날 수 있는 통제 범위가 없는 상황에서 나로 태어났습니다.

내가 타고난 사주팔자를 스스로의 힘으로 바꾸고 수정할 수 있는 내면의 힘을 키워 자신의 삶을 자신이 추구하는 방향으로 주도하고 변화시킬 수 있는 새롭고 싱그러운 경험을 즐기면서 내가 타고난 운명이나 사주팔자는 나에게 주어진 고정된 삶이 아닙니다.

현실에서의 삶이 부족하다고 생각하거나, 태어날 때 타고난 환경을 아쉬워하지 말고 자신에 대한 현실에서부터 미래 생까지 연결성으로 농사지으며 가꾸어 가면서 자신의 인생을 상승으로 열어갑니다.

자신을 계발하고 변화시키려면, 기존 틀에서 벗어난 새로운 도전이 필요합니다.

농부가 농사지으며 가꾸어 가듯이, 자신이 변화해 가면서 발전해 가는 새로운 경험과 자기 주도적인 삶을 추구하고 긍정적인 풍요로운 삶을 즐기며 만족함을 얻기 위함입니다,

누구나 몸 가지고 살아오는 동안 자신이 말하고 행위를 한 기록들이 내면에 어떤 업장으로 쌓여 있는지 기록을 확연하게 기억이나 생각으로 보여주고 자신의 내면에 저장되어 있는 업장을 확인시켜 주면서 삭제시키는 호흡 수행입니다.

지난날 말하고 행동한 자신의 기록이 생각이나 기억

으로 떠오르는 바람직스럽지 않은 그것들을 입으로 불어내는 호흡으로 날려버리며 지웁니다.
호흡 수행으로 떠오르는 원리는 우물 속에 혼탁한 물을 그대로 두면 혼탁함은 가라앉는 상태를 유지하며 살아가는 동안 자신이 말하고 행동한 기록은 계속 위로 저장되며 쌓여 갑니다.

우물 속에 혼탁한 상태로 가라앉아 있는 과거의 그것들을 입으로 불어내는 수행의 힘으로 끌어 올린 후, 삭제하여 청정하고 깨끗한 물로 교체하는 과정을 호흡 수행이라 말합니다.

자신은 양보하고 희생하며 선하게 살아왔으니, 업장이 없을 것이다.' 그렇게 생각하는 사람이 간혹 있으나 그것은 그 사람의 착각입니다.

자신이 말하고 행위 하면서 살아온 기록은 그 사람의 인성과 성품으로 업장이 두껍고 얇고의 차이만 있을 뿐, 몸 가지고 살아가는 동안 행위의 결과물을 내면의 시스템에서 자동으로 기록하고 저장하고 있습니다.

업장 소멸 수행은 내면에 쌓여 있는 자신의 과거 사연들을 기억을 동반한 생각으로 떠올려 삭제시키고 꿈속 또는 수행 중에도 형상이나 생각으로 보여주면서 삭제시키는 수행이라 막연하고 지루하지 않습니다.
수행을 통한 자신의 업장이 어느 정도 삭제되었는지, 덕과 복은 얼마나 쌓았고 또는 얼마나 닦았는지 확인하면서 하는 수행이며 말하고 행동하는 사람, 몸 시스템 작동 원리가 자신의 의지와 관련 없이 자동으로 자기 몸 세포에 기록되고 저장되어 있음을 체험할 수 있습니다.

업장 소멸 수행이 나오기 전에는 자신이 말하고 행동한 기록이 자기 몸 세포에 저장되고 있는 사실을 상상도 안 하고, 내면의 시스템의 자동 작동 원리로 자신의 기록으로 저장되고 있는 줄 모르고 살아갑니다.

그러다 수행해 보니, 지난날 자신이 말하고 행위를 한 기록이 한 치의 오차도 없이 저장되어 있음을 체험합니다.

우리는 좋은 환경이나 문화에 태어나기를 기대하지만, 몸 가지고 자신이 말하고 행위 하면서 살아온 결과물에 의한 기록으로 심판받아 현실에서 살아가고 있는 삶과 새로운 다음 세상에 태어나는 것은 우주 자연의 법칙에 의한 심판 시스템이 빈틈없이 짜여있음을 알 수 있습니다.

우리는 타고난 수명을 다하고 죽으면 자신이 살아온 기록으로 심판받으니 심판받으러 가기 전에 업장 소멸 수행으로 자신의 어두운 기록을 삭제하고 죄 없고 맑고 청정한 복과 덕만 있는 몸으로 바꾸어 다음 생은 더 좋은 몸 받아 행복하게 살아갈 수 있는 수행을 안내합니다.

우주 자연을 통한 인간에 대한 윤회의 심판은 자신이 살아온 결과물에 의한 심판이므로 변명이나 이유는 있을 수가 없는 일입니다.

자신이 몸 가지고 살아온 기록인 업장을 지우는 수행은 불교만이 할 수 있는 위대함이며, 지속적인 수행은 위가 없는 불도 끝이 없는 도 닦음 수행입니다.
부처님 가피도 끝이 없이 지속으로 받으며 꾸준하고 지속적인 수행으로 수확과 결실에 풍요로움을 확장해 가며, 자신에 대한 신뢰와 풍성한 삶의 주체가 되어, 추구하는 결과를 성취하며 내 인생의 농사는 내가 짓습니다.

## 21. 채우려면 비워야 한다

새로운 것을 받아들이거나, 고정된 관념을 개선하고 수정하려면, 이전에 가지고 있던 관념과 편견을 내려놓고 비우며 자신의 내면을 관찰하고 조절할 수 있는 마음의 힘을 키워야 합니다.

나와 뜻이 다른 상대를 이해하고 배려하는 소통의 자세와 태도를 지녀야 합니다.
그리하면 다양한 배경을 가진 사람들과의 소통에서 이해력이 높고 깊어지며 상대의 관점을 존중하려는 폭이 넓어져 인성에 향기가 있고 인지도가 높은 존중받는 인간적인 성품을 추구할 수 있게 됩니다.

불법 수행에서 비우고 내려놓으라는 뜻은 욕망을 포기하라는 뜻이 아닙니다.
자신의 현실은 미흡한데 이상만 높이 맞춰놓고 스스로 괴로워하는 감정을 내려놓으라는 뜻이지, 노력하지 않아도 된다는 뜻이 아닙니다.

절제하지 못하는 욕망은 나를 언제라도 실패와 파멸의 괴로움으로 안내할 수 있으니, 자신을 조절할 수 있는 능력을 키워 앞으로 일어날 액운으로 인한 불행을 소멸시키고 무한히 발전해 가는 시대에 적응해야 합니다.

이때 필요한 것이 긍정적이며 지속으로 꾸준한 상승을 추구하며 실패에서 오는 불행을 막아내고 예상하지 않았던 재앙이 크게 올 예정이었다면, 작은 것으로 줄여놓고 작게 올 불행이었다면 없는 것으로 소멸할 수 있는 내면의 신체 리듬과 기운을 상승으로 만들어 가는 수행의 힘입니다.

불법을 수호하면서 인간들에 대한 신들의 지배 영역, 기적을 창출하는 영적 존재와 수행자의 수행을 통한 +Q 강력한 시너지 효과에 의한 자신의 삶에 행운과 기적을 만들어 갑니다.

우리가 살아가는 일상의 다양한 정보에서 오는 과부하로 인한 정신적 스트레스, 고정관념과 편견에서 오는 어리석음과 무지를 해소하고 새로운 지혜를 획득하여 나 스스로 즐겁고 행복해지면 나와 가장 가까이 있는 순서로 행복이 넓게 펴져 갑니다.

채워서 만족하려는 욕망과 절제하지 못하는 부정적인 욕구는 언젠가는 파멸이니, 내려놓고 비우는 훈련으로 스스로 만족함을 알면 언제라도 부자이고 만족을 모르는 사람은 가지고 있어도 빈곤합니다.

탐욕과 욕망으로 채우고 쌓아서 얻으려 하는 만족은 종로에서 서울을 찾는 것과 같이 허덕이는 삶으로 살아가는 것과 같고, 물고기가 물속에서 물을 찾는 것과 같이 만족함을 모르는 괴로움이 따릅니다.

소유욕과 물질적인 욕망에 의존하여 만족을 채우려는 탐욕적 욕망은 오히려 내적인 만족을 얻기 어려운 삶으로 이어져 자신의 내적인 풍요로움과는 거리가 먼 불안정하고 불만족스러운 삶을 살게 됩니다. 결국 불편·갈등·괴로움을 초래하게 되지요.

인간은 우주 자연의 삼라만상에서 받는 혜택을 숫자로 헤아릴 수 없고 무게로 가늠할 수 없을 정도로 무한한 혜택을 받으면서, 고마움을 모르고 더 많이 가지려고 거짓을 진실로 포장하는 안타까운 측면이 있습니다.

인간에게 혜택을 주는 우주 자연은 베풀기만 하지 아무것도 바라는 것은 없습니다.

태양으로부터 따뜻한 빛과 에너지를 받고 대지로부터 음식과 자원을 얻어 호흡하며 먹고 싶은 것, 하고 싶은 것, 하면서 살아가는 과정에서 혜택에 대한 가치를 인식하고 감사하는 마음과 따뜻하고 온기가 있는 더 나은 세상을 만들기 위한 책임감도 있어야 합니다.

이러한 혜택은 인간들의 삶을 지탱하고 영양을 공급하며 성장할 수 있는 혜택들에 대한 고마움을 모르고 자기중심적 어두운 욕망에 사로잡혀 더욱 많은 것을 원하는 거짓된 악에 빠지는 어리석음입니다.

올바른 길에서 벗어나 스스로 죄를 짓는 줄도 모르고 살아가는 안타까움이 있습니다.

물질적 소유욕의 욕망은 지속적인 만족을 가져다주지 않습니다. 더 많이 가지려는 탐욕으로 정당한 성장과 발전 과정에서 주변과 타인의 신뢰 부족으로 언젠가는 불행한 결과를 초래할 수도 있습니다.

더 많이 가지려는 마음을 조절하고 내적인 가치와 만족을 찾는 방향으로 삶을 이끌어, 풍요롭고 풍성한 인간 세상을 창조하면서 나아갑니다.

누구나 현실보다 좀 더 나은 삶, 상승을 희망하기에 노력하고 자신을 투자하면서 성공과 행복이란 목표를 정했다면, 고난과 희생을 기꺼이 감수하고 자신의 소망을 실현하기 위한 노력과 인내와 헌신이 필요합니다.
성공에서 오는 행복은 자신의 노력으로 만들어진 결과물이며, 어떤 일을 해도 일이 잘되고 성공하는 사람이 있습니다.

재물복이 있는 사람은 어떤 일을 해도 재물의 흐름의 촉과 감각으로 시대적 상황을 정확히 읽고, 행동하며 성공으로 가는 그 사람은 복이 있는 사람입니다.
어부는 물고기가 물속 어디에 있고 어느 곳으로 다니는지 촉으로 알고 그물을 던져 물고기를 많이 잡는 어부와 잡지 못하는 어부가 있습니다.

재물복이 없는 사람은 동굴 속에서 촛불을 켜고 걸어가는 것과 같이 앞이 보이지 않아 어떤 일을 해도 어렵고 힘이 드는 것입니다.

성공하는 사람이나 실패하는 사람 노력은 같이하지만, 노력의 결실이 성공과 실패로 나뉘는 결과는 그 사람에게 복이 있고 없음의 결과이며, 성공하는 사람과 실패하는 사람들의 인성과 성품이 좋은지, 나쁜지, 인물이 잘났는지, 못났는지, IQ가 높은지, 낮은지와는 아무런 관련이 없습니다.

인간의 기와 운은 고정되어 있지 않으며 지속으로 변화해 가고 있습니다.
지금 잘나간다고 교만하지 말고 어렵다고 좌절하지 말고 자신의 현실을 받아들이면서 시작입니다.

이로부터 시작한 수행으로 복 짓고 죄 닦으면 이번 생과 다음 생이 연결되어, 현실에서부터 어려움이 풀리고 넉넉한 재물 복으로 세세생생 행복하게 살아가는 길을 만들어 갑니다.

가끔은 불자들이 복 지으면 죄 닦는 줄 알고 복은 열심히 지으려 절에 가서 보시하고 공양 올리십니다.

종교를 떠나 누구라도 선행으로 복 지으면 복이 지어지고, 악행으로 죄 지으면 죄를 짓는 비유를 몸으로 비교해 말합니다. 도(죄, 업장)는 몸통이고, 복(재물)은 꼬리 부분입니다.

몸통을 흔들면 꼬리는 자동으로 흔들리는 것과 같이 죄 없으면 복은 자동으로 따라옵니다.
그렇지만 공과 덕, 복 밭과 죄 밭이 같이 있지 않고, 복 그릇과 죄 그릇이 각각 따로 있습니다.

복 지으면 복이 지어지고, 죄 지으면 죄를 짓습니다. 한때 영원할 것 같이 잘나가던 사람이 한순간에 나락으로 떨어지는 것은 그 사람은 지은 복은 다했고 남은 것은 죄가 남아있어 한순간에 나락으로 떨어지는 것입니다.

지난날 어두운 상처나 무지함으로 만들어진 행동의 결과물을 삭제하고 특정한 장소가 아닌 편리한 공간에서 수행으로 도 닦고 복 지으면 내면의 자아 성장과 더 나은 사람으로 살아가기 위한 평온함과 지혜의 삶, 행복을 찾아가는 도전입니다.

수행을 통한 내면의 지혜를 발현시켜 자신의 발전과 상승을 추구하고 살아오면서 상대에게 상처를 주었거나 받은 것 또는 자신도 모르게 만들어진 상처의 기록을 지울 수 있다는 생각만 해도 얼마나 큰 다행인가요.

## 22. 빙의는 퇴마 수행으로 치유된다

영적인 능력과 힘을 발휘하는 무속인은 몸과 마음을 자유롭게 유지하며, 영매(영적인 존재)와 소통이 원활하며 영적, 정신적 신(영매) 줄과 연결되어 있습니다.

영매와 소통이 원활한 무속인은 영적인 경험을 통해

자신의 성장성도 추구하며, 다른 이들의 변화를 추구하는 데 도움을 주기도 합니다.

영적인 자아 인식이 높은 무속인은 타인의 욕망과 변화에 대한 목표·감정·생각을 인식하는 통찰력으로 그것을 자유롭게 인지하고 표현하며, 영적인 에너지를 흐르게 하여 영매와의 소통이 원활해서 영적인 힘을 발휘해야 합니다.

영적인 성장을 추구하는 이들은 더 높은 의식 수준으로 자신은 물론, 타인의 성장과 변화를 추구하면서 조화로운 방향으로 인지력에 의한 통찰력을 동반한 목표와 방향을 명확하게 이해하고 더 높은 삶의 의미와 목적을 채우려 찾아오는 이들이 추구하고자 하는 선택을 영적 감각으로 지원해 줄 정확한 능력이 있다면 무속인 자격이 있습니다.

다양한 사람들의 어려움을 격려하며, 응원해 주고 무속인으로서 어떤 말을 해도 자신이 말한 내용이 정확성이 있고 해결되거나 이루어지는 능력이 있으며, 어려움이 있어 찾아오는 사람들을 지원해 주는 타력에 의한 영적 지배력과 능력이 있으면 무속인으로 살아가면 됩니다.

그러나 무속인으로서 힘을 발휘하지 못하고 정체성이 혼란스럽고 몸에 빙의(귀신)는 들어와 있기는 한데, 영적인 직감이 미약하거나 틀리고 본인이 한 말을 번복하는 그 사람은 몸에 귀신은 들어있으나, 영적으로는 신(영매) 줄이 없어 무속인 대상이 아님을 스스로 알고 귀신을 정리해야 본인은 물론 가족과 자손에게 이익이 됩니다.

본인에게 신 줄이 없는데, 신 받기 의식으로 신을 받아 수행이나 기도를 열심히 하면 신통력·통찰력·인지력·원력·영험 등 다양한 사람들의 문제 해결 능력이 상승 할 것이라는 기대는 하지 않는 것이 좋습니다.

영적으로 빙의가 자신의 몸에 들어있는 현 상황에서 영적인 힘을 발휘하는 신통력과 영험은 고무줄과 같이 늘어났다, 줄어들었다, 하는 것이 아닙니다.

영적 능력을 발휘하지 못하고 다른 이의 어려움을 해결해 줄 능력이 없는 것이니, 몸에 귀신 들어있다고 모두 신 줄과 연결하고 있는 것은 아닙니다.

사람 몸은 인간의 생명이나 활동을 지탱하는 핵심이며 사람이 몸 가지고 있다가 몸 잃어버리면 자기가 자기를 위해서 할 수 있는 것은 아무것도 없습니다.
거룩하고 위대한 알라신, 하느님, 예수님, 부처님도 자기가 자기를 위해서 할 수 있는 것은 아무것도 없습니다.
그 성인분들이 거룩하고 성스럽고 존경받는 것은 몸 가지고 있는 사람들이 떠받들고 공경하기 때문에 위대하고 거룩한 것입니다.

인간은 누구보다도 위대한 몸을 가지고 있어
무엇이든 할 수도 있고 안 할 수도 있습니다.
빙의가 들어있는 사람이 몸에 신 줄이라도 연결하고 있으면, 많은 빙의가 들어와 있어도 빙의들끼리 교통정리가 되어 무속인으로 풀면서 살아가면 됩니다.

그러나 신, 줄도 없고, 자신의 몸, 시스템에 의한 주파수만 열려있는 몸은 정신적으로 혼란스럽고 성공하는 일이 없는 이유를 말한다면, 사람 몸에서 발현되는 파장과 진동, 말하고 행동한 결과물은 기억과 생각을 동반한 의식에 의한 몸과 마음으로 만들어지는 파장과 진동입니다.

몸 없는 무의식에서 나오는 빙의의 파장과 인간 몸 의식에서 나오는 파장은 서로 반대 작용으로 충돌하고 부딪쳐 몸 가지고 있는 사람은 정신적으로도 안정적이지 않으며, 사람 몸은 점차 적으로 쇠약해지고 육체와 정신은 점차 적으로 병들어 갑니다.

때문에, 잠을 자도 혼란스럽고 마음의 변화가 심하며, 원인 모를 병고에 시달립니다.
화합이 안 되고 목표를 향한 노력에도 성취되는 일은 별로 없습니다.

어떤 일을 시작할 때는 반짝 적극적이지만, 지속성이 부족하여 언제나 끝은 안 좋은 결과로 연결되고, 이름 모를 병고·수술·단명·실패 같은 액운이 항상 떠나지 않습니다.

몸에 들어있는 빙의를 내보내기 위한 의식행위를 했을 땐 단기간은 조용히 가라앉아 있을 수는 있어도 근본적인 해결은 안 됩니다.

그러한 분들은 재발 없는 빙의 퇴마 수행으로 자신의 몸에서 나간 빙의를 수행의 힘으로 천도가 됩니다.
수행자가 업장 소멸 되면, 몸에 들어있는 빙의도 사람 몸과 함께 업장이 소멸되어, 인간으로 환생할 수 있음을 알고 업장 소멸 퇴마 수행에 적극 협조하는 빙의도 있습니다.

빙의는 비물질 정신적, 영적인 현상으로 다른 존재가 사람 몸에 연결되어 정신적 지배를 일으키는 것을 뜻합니다.

업장 소멸 퇴마 수행은 나와 또 다른 영적 존재의 영향과 정신적인 혼란에서 오는 현상을 제거하고 맑고 밝은 본래 자신의 성품으로 찾아가는 수행입니다.

자기 몸에 다른 존재, 빙의가 들어있어, 혼란스럽고 다양한 이유로 정체성과 정신적 혼란·스트레스·불안·우울증·원인 모를 병고 등 영적인 현상에 의한 고통의 원인을 관찰하여 몸에 들어있는 빙의(귀신)를 내보내고 재발이 일어나지 않도록 몸 시스템·주파수를 바꿔놓는 퇴마 수행은 수행자의 업장도 소멸하고 몸에서 나가는 빙의도 업장이 소멸하여, 인간 몸 받을 기회가 주어져 인간으로 환생하여 좋은 인연 만나 행복하게 살아갈 수 있는 길이 있습니다.

정신적 현상으로 일어나는 빙의 현상은 자신의 업장과 다른 영적 존재의 업장이 서로 통하고 연결되어 있어 몸 가지고 있는 사람의 정체성과 몸이 없는 비물질 빙의 정체성과의 충돌로 정신적인 혼란과 고통을 느끼고 있다면, 그런 사람은 자기 몸 주파수가 열려있어, 빙의가 몸속으로 들어오기도 하고, 나가기도 합니다.

즉, 대문이 열려있어, 빙의가 자유롭게 출입할 수 있는 몸을 가지고 있습니다.

그러나 영적인 통찰력과 빙의의 힘에 의한 기적을 발휘하지 못하고, 정신적으로 혼란스럽다면 빙의는 몸에 다양하게 들어와 있으나 사람을 속이는 빙의(잡귀신)입니다.

빙의의 존재가 몸에 들어와 있음을 알리면서 신 받기 의식으로 영적인 자신의 존재를 몸으로 받아들이면, 하는 일이 크게 잘 되고 성공할 것처럼 허황한 자신감으로 사람을 속이는 빙의가 있습니다.

영적인 타력에 의지하기 전에 먼저 자신에게 신 줄과 영적인 힘이 있는지 자신을 관찰하는 것이 우선입니다.
수행이나 기도 열심히 하면 영적인 통찰력과 신통력이 높아져서 잘 되리라는 기대심리로 무속인 노릇하면 후유증으로 자신도 망가지고 자녀는 물론, 자손까지 어려움을 겪으며 살아가야 합니다.
몸에 귀신 들어있다고 모두 신 줄과 연결된 것이 아

니며, 본인에게 영적인 힘이 강한지, 약한지, 다양한 사람들의 문제를 해결해 줄 능력이 있는지, 부족한지, 지금 현 상황에서 자신을 관찰하면 본인이 정확하게 알 수 있습니다.

예를 들어 청와대나 급이 높은 관공서에 줄이 있는 사람과 줄이 없는 사람의 민원 해결 능력과 속도의 차이를 알 수 있습니다.

영적으로 신 줄은 없고, 자신의 업장으로 인해 몸에 빙의 귀신이 들어와 있는 몸은 부모님 또는 위쪽 조상대에서 무속인을 하다가 영가천도 회향이 잘못되어, 자손들 몸에 들어와 있는 다양한 영가 중 귀신·축생·파충류 등 여러 가지로 다양하게 사람 몸속으로 들어와 있는 것이지요.

이분들의 공통점은 느낌과 촉이 빠르고 마음의 변화가 심하며, 음지를 좋아하고 잠자리가 산만하고 몸은 항상 불편하고 되는 일이 없습니다.
자연히 가족 간의 화합이 어렵고 대화하는 과정에서 상대방과 부딪칩니다. 본인 몸에 빙의가 들어와 있으면, 하나 또는 둘이 들어있는 것으로 알고 있으나 백화점같이 다양하게 많이 들어와 그림자같이 쌓여 있습니다.

그림자는 아무리 많이 쌓아놓아도 무게가 없고. 그림자는 아무리 많이 쌓아놓아도 두께가 없고. 마지막 한 장까지 걷어 내야 그 자리에 빛이 들어갑니다.

귀신은 몸 가지고 살았던, 자신의 업장으로 인해 인간 몸 못 받고 구천에 떠돌아다니는 영혼이고 몸이 없기에 아무것도 할 수 없어, 업장 소멸이 되어야 인간 몸 받아 환생할 수 있어, 업장 소멸하기 위한 자기 공부하기 위해서는 사람 몸이 필요해 사람 몸 속으로 들어가는 것입니다.

사람마다 모두 들어가고 싶지만, 주파수가 맞지 않으면 들어갈 수 없고 사람 몸 주파수와 영적인 주파수가 맞으면 무수히 많이 들어와 있지요.
자신의 몸에 빙의 영적인 귀신이 들어있는 사람은 자신이 추구하는 일이 왜 안 풀리는지 원인도 모르고 힘들게 살아가는 안타까움이 있습니다.

인간과 귀신은 서로 가는 길이 반대 세상이며 사람이 갈증으로 물을 마시면 갈증이 해소되지만, 빙의, 귀신이 물을 마시면, 물이 불로 변해 불에 타 죽어 인간과 귀신은 서로 다른 반대 세상입니다.
우리는 몸을 가지고 있을 땐 의식으로 살아가는 인

간 세상이고 몸 없으면 영적인 무의식 세상입니다. 사람이 눈으로 보고 생각하고 말하는 의식의 세상과 몸 없는 비물질 무의식 세상은 인간과 귀신과는 서로 다른 세상입니다.

귀신도 자기 업장 때문에 인간 몸 받지 못하고 인간 몸 받으려면 업장 소멸하기 위한 자기 공부가 필요해 사람 몸에 들어가는 것입니다.

사람 몸에 들어온 빙의 중에 어떤 빙의는 산으로 가서 공부해야 하고 어떤 빙의는 물 있는 곳에 가서 공부해야 하는 등 빙의마다 자기 공부할 장소가 달라 빙의 들어있는 몸은 배에 사공이 많으면 배가 산으로 간다는 말이 있듯이 영적 빙의의 영향으로 몸 가지고 있는 사람 정신은 혼란스럽고 불안정한 생활을 퇴마 수행으로 재발 없이 가볍게 치유할 수 있습니다.

## 23. 드러나지 않은 업장은 소멸한 것이 아니다

부처님 가르침은 사람이 몸 가지고 살아가는 동안 괴로움을 없애고 올바르고 정직한 생각, 정직한 행동과 행복한 마음으로 살아가다가 업장을 소멸하고 견성·깨달음·해탈을 추구하는 가르침입니다.
그러나 우리 중생들은 이번생에

해탈의 목적지에 도달할 수 있습니까?
아니면 다음생에 도달할 수 있습니까?
목적지에 도달하기까지는 육체라는 몸을
가지고 있기에 배고프면 먹어야 하고
더러우면 씻어야 하고
밤이면 자야 하고
입은 옷이 해져지면 바꿔 입어야 하고
계절이 바뀌면 바꿔 입어야 하고
인연에 의한 몸뚱이를 가지고 있어,
생명을 유지하기 위한 필요함과 책임이 있습니다.

출가한 수행자라면 모자람과 고행에 익숙 하지만, 일반 중생들은 몸을 유지하기 위한 요구에 맞춰 먹어야 하고 청결을 유지하며, 적절한 수면을 취해야 합니다.

계절 따라 옷을 갈아입는 등 일상에서 활동하는 과정이 필요하고 어느 생이 될지는 모르지만, 해탈에 도달하기까지 몸을 유지하는 동안 적절히 관리하고 챙겨야 하는 책임감과 가족을 위한 책임감, 인간의 도리, 또는 사회적 품위유지 등 누구라도 어렵지 않고 좀 더 풍성하고 풍요롭게 살아가기 위한 욕망의 세상에 살아가는 여정에서 자신도 모르게 업장이 만들어집니다.

부처님께서도 공(복)과 덕(도) 중에서 복이 우선이다. 라고 말씀하셨습니다.
아무리 높은 지혜와 도를 성취했다 해도 궁핍하면 행복하지 않다, 복과 도, 중에서 복이 우선이다. 라고 말씀하셨습니다.

어느 종교에서든 종교의 기본 핵심은 자기가 지은 죄를 삭제하거나 소멸하는 목표를 가지고 있습니다. 종교적 신념 체계에서 천벌론 죄와 보상론 복이 있으며, 그에 상응하는 심판과 보상이 주어지는 것은 인간과 우주 자연에 의한 연결성의 질서이며, 불교의 핵심 교리입니다.

부처님의 가르침도 우주 자연계의 질서와 함께 조화를 이루어야 한다는 가르침을 주시고 질서를 어기면 선과 악의 영향을 초래할 수 있음을 말씀하셨습니다.

또 죄가 있어 진정으로 참회하면 즉석에서 소멸하는 위대함도 있습니다.
꾸준하고 지속적인 수행으로 자기중심적 중생 지견의 어두움을 걷어 내고, 자신의 성품이 맑고 밝아지면 지혜가 열려 업장이 소멸한 것이다. 라고 말할 수 있습니다.

그러나 자신이 지은 죄는 자신이 소멸해야 합니다. 타력에 의한 업장 소멸은 없는 기도이고 없는 수행입니다. 이는 부처님의 핵심 가르침 중 팔정도, 아비달마, 수타니파타 경전 일부이기도 합니다.

부처님의 다양한 가르침 중에서 어느 부분에 대한 우열을 가릴 수는 없지만, 업장 소멸 수행으로 얻어지는 이익을 대중목욕탕 주인의 탕 안의 물을 깨끗이 하는 방법을 기존 수행해 오던 방법과 비교하여 말합니다. 대중탕 안에 여러 사람이 들어가면 탕 안에 있는 물은 흐리고 혼탁해집니다.

목욕탕 주인은 탕 안의 물을 깨끗하게 하는 방법으로 탕 안에 새 물을 계속 부어 기존 탕 안의 물을 넘쳐흐르게 하여, 점차 적으로 맑고 깨끗한 물이 되게 하는 방법이 기존 수행하고 있는 방법이라고 말할 수 있습니다.

기존에 혼탁하게 있던 탕 안에 새 물을 넣어 계속 넘쳐흘러서 깨끗하게 하는 방법은 새로 들어가던 물이 멈추면, 기존 탕 안에 있던 흐리고 혼탁한 물과 새로 들어간 물이 혼합되어 시간이 지나면 다시 혼탁한 물로 변하는 것과 같이, 수행자가 수행을 멈추면 내면에 눌려있던 번뇌·망상이 기억을 동반한 흐리고 혼탁함으로 다시 올라와 수행자가 어려워하며 힘들어하는 안타까움이 있습니다.
기존 혼탁한 물에 부처님 가피, 깨끗한 물 한 동이 넣으면 넣을 때뿐이고, 시간 지나면 새로 넣었던 물도 기존에 있던 물과 섞여, 다시 혼탁한 물로 변하는 안타까움이 있습니다.

소승이 안내하는 수행은 탕 안의 물을 모두 버리고 벽과 바닥을 깨끗하게 닦은 다음 새 물을 넣어, 탕 안의 물이 깨끗한 물이 되는 방법을 안내합니다.
기존에 있던 탕 안의 혼탁한 물을 모두 빼고 새 물을 넣은 탕 안의 물은 시간이 지나도, 새 물을 넣다 중단해도, 그 물은 변하지 않고 언제나 깨끗한 물로 있는 것과 같이 수행자가 번뇌·망상으로 힘들어하는 안타까운 일은 발생하지 않습니다.

불자님들이 부처님께 원을 발원하면 부처님은 언제나 가피를 주십니다. 호흡 수행은 기존 탕 안에 있던 혼탁한 물을 모두 제거하고 새 물을 넣은 후, 기존 탕 안에 들어있는 물에 부처님께 기도나 수행으로 받은 가피·물 한 동이를 넣으면 기존 있던 물과 새로 넣은 물, 전체가 깨끗한 물, 부처님의 가피가 되는 시너지 효과가 있다는 것을 말하는 것입니다.

## 24. 내면의 지혜를 밝히는 호흡의 힘

불교는 우주 안에 존재하면서 자연을 가까이하는 종교입니다. 타 종교와 다르게 신을 추종하거나, 하나의 절대자를 맹신하지 않으며, 자신을 계발하여 괴로움과 고통에서 벗어나 영원한 행복을 추구합니다.

정신적 집중력을 통하여 깨달음을 얻어 우주와 자연의 모든 측면과 함께하지만, 동시에 태양계를 넘어 더 큰 차원의 세계를 탐험하고 우주와 나와는 경계가 없고 나와 우주와의 일체감의 경험을 체험하게 되면 견성·깨달음 자리입니다.

이러한 관점에서 우주와 수행자와의 깊은 연결성으로 인간은 우주 일부로 간주하며, 우주의 무한한 에너지와 정보를 받아들여 내면에서 그것을 반영하고 내재화하여 더 큰 존재의 일부로서 조화롭고 균형 잡힌 방향으로 모두의 행복을 찾아 풍요로운 삶으로 이루어 나갑니다.

우주와 내가 하나가 되는 체험은 높은 경지를 추구하는 불교에서만이 체험할 수 있는 자기 내면과 외부 세계 우주 자연 간의 상호 연결성으로 일체감을 체험합니다.

호흡 수행을 통한 집중력을 상승시켜 정확한 통찰력의 인식과 이해력으로 오류가 없는 올바른 결정과 마음을 깨닫고 밝고 맑은 덕과 지혜를 발현하는 수행으로 자신의 내면을 밝혀서 내적 성장을 추구하는 호흡 수행입니다.

정신적 감정, 생각, 행동에 대한 자기관찰을 통해 옳음과 틀림을 구분하는 혼란스러운 과정에서 욕망과 탐심에 대한 오류를 줄이고 지식을 넘어 지혜를 갖춘 깊이 있는 통찰력으로 탐욕적 소유욕에 대한 정화된 마음으로 긍정적이며 활력 있게 살아가기 위함입니다.

내적안정에서 오는 균형을 갖춘 올바른 판단은 인생으로의 삶의 목표에 대한 이익과 자긍심에 의한 즐거움은 행복 상승을 향한 동기부여에 도움을 주고 마음에서 오는 번뇌와 정신적인 망상을 삭제시키며, 괴로움·혼란·두려움·불안정한 내면의 감정이 부정에서 긍정으로 바뀌어 만족하고 행복한 삶을 성취하기 위함입니다.

업장 소멸 수행은 자신의 내면을 탐험하고 관찰하며, 나를 밝히고 현명하게 살아가는 것을 목표로 정신적 영역인 마음의 힘을 성장시키며, 내면의 자아가 맑고 밝아져 진정한 나를 맑고 밝게 밝히는 자기 계발 훈련입니다.

수행을 통한 체험으로 진정한 나를 보는 순간 우주의 모든 것은 내 마음 안에 있고 내가 우주이고 우주와 내가 하나가 되는 견성을 체험하는 그 순간 마음에서 환희에 찬 희열이 올라오고 과거에 내가 바라보고 생각해 왔던 것과 차원이 다른 새로운 온 우주가 열립니다.

새롭게 열린 우주는 청정하고 맑고 밝게 보이며, 내면의 깊은 곳에서 지속으로 오는 희열과 행복을 체험하는 순간 현상계의 모든 것은 내 마음의 분별심으로 일어난다는 원리를 깨닫게 됩니다.
우주 삼라만상 자연계의 질서에 의한 상호작용의 이치를 알아차리는 견성 체험은 불교 수행의 특별함입니다.

우주 자연 질서에 의한 깊이 있는 이해와 인간과 자연과의 상호작용에 대한 통찰력으로 자신에게 정해져 있거나 다가올 액난은 모두 소멸하고 내면의 시스템에 의한 스스로 상승으로 찾아가는 능력이 발현됩니다.

자기관찰을 통한 가치관·신념·감정은 긍정적 상승으로 안정적인 편안함과 풍요로움으로 삶에 대한 만족과 주변 상황에 안정된 평화를 전달합니다.

### 25. 내 업장은 내가 소멸해야 한다

빠르게 변화해 가는 시대적 문화에 맞춤식 업장 소멸 수행은 지나온 삶에 대한 아쉬움·미련·후회와 같은 바람직 스럽지 않은 내면의 기록으로 저장된 어두운 기억들에 의한 에너지를 관찰하여 호흡의 힘으로 떠오르게 하여 삭제시킵니다.

자신이 살아오면서 말하고 행동한 기록으로 저장하고 있는 탐욕·욕망·애증·애환·분노·슬픔 등 티끌과 같이 다양하게, 태산과 같이 무겁게, 가름할 수 없는 내 몸 세포에 기록된 어두움은 삭제하고 지식을 지혜로 바꾸어 지혜롭게 살아가는 삶은 오류가 없고 아쉬움·미련·후회가 남지 않으며 자부심이 있는 당당한 삶입니다.

몸 가지고 살아온 자신의 기록으로 선행과 악행에 대한 심판은 엄중하며, 오류와 자비가 없고 보상받고 심판받는 것은 우주와 자연과 인간의 연결성에 의한 상호작용으로 법칙에 의한 질서입니다.

우리가 살아가고 있는 세상은 욕망의 세계, 누구나 다양한 욕망과 필요함을 가지고 살아가고 있습니다. 이러한 욕망은 행동과 선택에 선과 악의 이중성을 지니고 있어, 선과 악이 공존하는 세상입니다.

세상은 다양한 욕망에서 오는 탐심과 유혹 속에서 선행과 악행으로 어우러져 있습니다. 내가 말하고 행동한 결과가 윤리적 고려로 자신도 모르게 선과 악으로 나누어지고 욕망의 유혹에 대처하고 선과 악을 선택하는데 자기통제와 심리적으로 자신을 조절할 수 있는 마음의 힘을 키우기 위함입니다.

이러한 다양성과 이중성을 이해하면서도 자신이 말하고 행동한 인성적 성품은 상대방과 주변에 영향을 미치며 자신의 선행과 악행이 알려지지 않아, 묻혀 있어 드러나지 않았다고 해도 업장이 소멸하였거나 사라진 것은 아닙니다.

자신이 살아온 삶에 대한 질서를 심판하는 현상계의 그 물망이 눈으로는 보이지 않아 헐렁 헐렁한 것 같아도, 작은 것 하나 무사통과할 수 없는 촘촘한 그 물망으로 형성되어 있는 것을 호흡 수행 체험으로 알 수 있습니다.

지난날 나의 상처가 하늘도 모르고 땅도 모르니 사라진 것이 아니라, 나 자신의 일거수일투족 한순간도 놓치지 않고 촘촘하게 기록해 놓은 딱 한 사람 있습니다.

그 사람이 바로 자기 자신입니다.

인간의 다양한 삶의 질서에서 작은 것 하나 무사통과할 수 없이 촘촘하게 짜여있는 있는 줄 모르고 살아가다가, 내면의 관찰을 통한 자신의 과거가 업장으로 떠오르고 지워지는 것을 체험하고부터는 세상을 바라보고 해석하는 마음이 스스로 달라지는 지혜가 발현됩니다.

몸 가지고 살아오면서 타고난 수명을 다할 때쯤, 지난날을 돌아보면, 아쉬움의 업보가 티끌같이 다양하게, 태산같이 무겁게 쌓여 있음을 죽음이 가까워서야 알고 건강 찾아 그러한 아쉬움·미련·후회를 절반이라도 되돌리고 싶은 마음으로 죽음을 받아들이지 못하고 건강 찾으려 하는 것입니다.

몸 가지고 살았던 자신의 기록이 업장으로 쌓인다는 것을 불교에서는 몇천 년 전부터 알았습니다. 그에 따라, 마음 닦음 공부·명상·참선 등 다양하게 언제나 그 시대에 맞는 수행 방법이 있었습니다.
그러나 지금은 옛날 시대와 문화가 많이 달라졌습니다. 갈수록 시대 변화의 속도가 빨라 현시대에 맞춘 특별함이 있고 불법을 수호하는 신령스럽고 신성한 불보살님들이 격려하고 응원하는 기적을 창출하는 호흡 수행입니다.

자신이 살아오면서 만들어진 기록은 반드시 자신이 지우고 소멸해야 삭제됩니다.
공과 덕, 복과 죄가 함께 있지 않고, 복 지으면 복이 지어지고 죄 지으면 죄를 짓고 복 밭과 죄 밭이 각각 따로 있으며, 자기가 지은 업장은 자기가 지워야 지워지며, 모르고 지은 업장(죄)이 더 크다는 가르침을 주셨습니다.

내 마음에 죄 없고 공과 덕만 있으면 그 사람이 지혜 있는 도인이고 극락 가고 천국 갑니다.
내 몸에 업장이 기록으로 저장되는 과정은 과거에서부터 최근까지 순서이며 지울 때는 최근에서부터 과거로 지워지는 순서입니다.

### 26. 호흡 수행은 어떤 이익이 있는가?

업장은 사람마다 나이가 많으면 많을수록 살아온 날도 길어 삭제해야 할 업장도 많고, 나이가 적으면 살아온 날도 짧아 삭제해야 할 업장도 얇고 적습니다. 수행하는 시간도 늘리면 늘린 만큼 효과가 빠르고 적으면 적은 만큼 오래 걸립니다.
혼탁하고 어두움에서 벗어나 긍정적이며 풍요롭고 싱그러운 삶으로 살아가기 위한 업장 소멸수행은 사람이 몸 가지고 살아가는 동안 넉넉한 재물복과 지혜로운 삶으로 살아가기 위함입니다.

그리하여, 부처님과 불보살님께서 수행자에게 가피를 주실 때 위대하고 거룩한 모습으로 나타나 주실 때도 있습니다.
그러나 항상 거룩한 모습만을 상상이나 기대한다면 그것은 착각입니다.

위대하거나 거룩한 모습으로 나타나 가피를 주신다면 수행하고 안 하고 부처님이 주시는 가피를 누구든 서로 받으려 하기에 필연적 통과해야 할 난도가 있습니다.

꿈속에서 나타나시는 불보살님은 위대하거나 거룩한 모습이 아닐 때는 노숙자, 지체 장애인, 못생긴 삐뚤이와 같이 그저 평범하지만, 다양한 일반적인 사람들 모습으로 꿈속에 나타나 수행자의 몸에 짜여있는 시스템에 의한 분별심을 테스트하는 과정이 있습니다.
수행한 시간이 짧아 아직 덜 닦아져 내면이 흐리고 혼탁한 사람이 꿈속에서 자신이 싫어하는 사람이나 형상을 보면 자신의 의지와 관련 없이 무의식적으로 외면하게 됩니다.

불보살님께서는 수행자에게 재물복과 가피를 주려고 많은 복을 가지고 오셨는데, 무의식 마음에서 일어나는 분별심으로 스스로 외면해서 받지 못하는 안타까움이 있기도 합니다.

그러나 수행시간이 늘어 몸과 마음이 밝고 맑게 정화된 사람은 꿈속에서 장애인, 노숙자 등 나보다 형편이 미약한 사람을 만나거나, 보더라도 무의식으로 외면하지 않고 스스로 안타까운 마음을 내 불보살님의 가피를 풍성하게 받습니다.

우리에게 행운은 항상 옆에 와 있습니다.

관념과 편견에서 일어나는 안타까운 마음의 분별심으로 주변의 어둡고 어려움을 외면하지 않고 모든 것이 평등하다는 마음가짐이면, 수행자가 발원하는 모든 소원이 이루어지는 가피를 받는 행운이 이번 생과 다음 생으로 지속으로 이어집니다.

## 27. 나를 행복으로 안내하는 수행의 힘

지혜 있는 사람은 다투지 않아도 승리하고, 부드러움은 드러나지 않아도 강함을 이깁니다.

우리의 몸엔 강함과 부드러움이 함께 있습니다.
내 몸에서 강한 것은, 입안의 치아이고, 부드러움은 입안의 혀입니다.

몸에서 제일 강한 치아는 깨지고 빠지지만, 입안의 혀는 오래 남아 부드러움이 강함을 이긴다는 것을 우리는 몸으로 체험하며 살아가고 있습니다.
폭풍우가 오면 오래된 큰 나무도 끊어지고 뿌리째 뽑혀 죽지만, 부드러운 잡초는 이겨냅니다.

사람의 인성과 성품이 상대를 이해하고 배려하는 마음이 부족하고 교감이나 공감 없이 자기 인식에 대한 표현이 강하면 상대가 피로하고 공감력이 멀어져서 점점 외톨이가 되어갑니다.
빠르게 변화해 가는 사회적 다양함에서 상대방과 교감 없는 소통은 빠르고 간편함과 편리함은 있지만, 통찰력을 동반한 이해력에 대한 교감 부족으로 다각적인 측면에서는 정확성의 풍요로움이 부족하고 오해의 소지가 발생할 수도 있습니다.

자신을 내려놓으라는 뜻은 경쟁하지 말라는 뜻이 아니며, 성급한 마음을 내려놓으라는 뜻입니다.

인간의 선천성·유전적인 특성과 양육·교육·경험 등 복잡하고 다양한 조합으로 짜여있는 사람 몸, 시스템에서 표현되는 성품과 인성이 고정적인 것은 아니지만, 바람직스럽지 않은 불협화음의 인성과 성품을 수행이 아닌 다른 방법으로는 쉽게 바뀌거나 교정하기는 어렵습니다.

인내심으로 참으면서 살아갈 수 있기는 하나 참거나 인내하며 살아가는 방법은 현명한 방법은 아닙니다. 참고 참으며 살아가다가 참았던 그것들이 한꺼번에 폭발하면 더 큰 재앙이 발생합니다.

대책 없는 인내만으로는 상황에 대한 해결이 되지 않고 점차 악화할 수 있기에, 상황에 대한 갈등 내면에서 일어나는 어두운 에너지를 삭제시키면 불신과 불만 불협화음에서 일어나는 갈등이나 혼란스러움은 인내하거나 참아야 할 것조차 없어집니다.

수행을 통하여 내면이 맑고 밝아지면 사람들과 현명한 객관성을 충족한 효과적인 의사소통과 공감대를 형성하며 상호 간에 이해를 높일 수 있는 내면의 부정적 요소를 정화하면서, 바람직스럽지 않은 성품·습관·감정에서 올라오는 생각을 수정하고 교정하여 밝고 맑은 지혜가 발현되어 현명하고 지혜로운 삶이 시작됩니다.

선천성과 후천성의 상호 간에 연결성으로 복잡하고 다양하게 조합되고 형성된 인성과 성품으로 자신도 모르게 욕망과 탐욕 같은 어두운 에너지로 짜여있는 내면의 시스템에서 습관과 성품은 마음에서 올라오고 느낌과 감정을 통한 생각으로 말하는 자신의 성품과 인성을 맑고 밝게 정화하여, 지혜를 갖춘 사람으로 내면의 시스템을 업그레이드하는 훈련입니다.

불교를 종교로 선택하고 부처님의 가르침인 기도·참선·진언·염불·수행 등 집착 없는 무주 상 보시 수행 등 다양한 방법으로 자신을 계발해 가는 분들이 계십니다.

기존 기도나 수행으로 내가 복을 쌓았는지, 업장은 닦았는지 알 수 없고 기존 해오던 막연하게 집착 없는 무주 상 보시의 수행 방법과 차이가 있는 수행이며, 지금까지 살아오면서 어느 때 상처를 주었거나 받은 것을 삭제하고 소멸하는 수행입니다.

인간은 단어가 없을 적에도 서로 간에 의사소통하며 살아왔습니다.
물속에 사는 물고기도 단어나 언어를 사용하지 않지만, 서로 간에 의사소통하며 살아가고 있습니다.

단어가 없었던 시대에 인간이나 생명체가 의사소통하는 방법으로 시각적이거나 화학적인 신호를 통해 소통이 이루어졌고, 소리나 자세의 변화를 통한 위협이나 경고를 전달하면서 진화해 왔습니다.

표현이나 색깔 또는 무늬를 변화하여 상대에게 특정한 정보를 전달하거나, 화학물질을 방출하여 상대의 행동을 유도하거나 특정한 메시지에 의한 다양한 방법으로 의사소통하기 위한 거짓 언어나 위선이 아닌 진실함이 있었습니다.

우리들은 소통하기 위한 방법으로 언어를 만들었습니다. 언어의 등장으로 소통은 더욱 정교해졌고, 효율적으로 이루어지지만, 동시에 의사소통 과정에서 거짓과 진실을 전달하는데 거짓이 진실이 되고, 진실이 거짓으로 바뀌는 새로운 문제들이 발생했습니다.
이처럼 부정적인 모습으로 진화해 가는 안타까움이 있습니다.

단어의 등장으로 인해 의사소통은 더욱 복잡해지고 다양해지면서, 사람들은 거짓과 진실을 판별하고 구분하는 능력, 즉 분별심을 키워야 했습니다.

단어나 언어는 추상적인 개념이기 때문에 그 자체로 진실이나 거짓을 갖추고 있지는 않지만, 사람들은 단어를 사용하여 의도적으로 자신의 이익을 위한, 때로는 평화를 위한, 의사소통과 목적을 달성하기 위한, 진실을 거짓으로 전달하거나, 사실을 왜곡할 수 있는 기법이 등장했고, 그러한 모습들이 진화해 가고 있습니다.

이러한 상황에서 사람들은 다른 사람들 말이나 행동을 평가하고 판단하는 능력을 키워야만 했습니다.

상대방의 의도나 진실성을 파악하고 적절한 대응을 취하는 동시에 자기방어적인 적절한 대응의 분별심을 발달시켜 거짓과 진실을 구분하는 능력을 향상하며 시대적 문화에 적응하며 살아가고 있습니다.

언어나 단어의 소통은 서로의 생각과 감정을 공유하고 이해하는 과정이지만, 그것들이 거짓과 진실 사이에서 혼동되고 변질 될 수 있으므로 의도나 진실성을 구별하고 그것들을 분석하고 이해하고 판단하고 결정하는데 상황에 맞는 올바른 분별심에 의한 지혜는 중요한 역할을 합니다.

통찰력에 의한 정확한 분별심은 거짓과 진실 사이에서 혼란을 방지하거나 최소화할 수 있고, 자신과 사회적 관계의 안정성을 증진하며, 현실의 상황을 심층적으로 이해하고, 거짓과 진실을 구별하는 능력으로 건전하고 활기찬 인간관계를 형성해 가는 언어와 단어는 인간들이 소통하기 위해 만들어 놓은 도구 중 하나이므로 소중하게 사용해야 합니다.

언어를 통해 우리는 생각과 감정을 표현하지만, 어리석음·아쉬움·미련·슬픔·분노·탐욕 등 이러한 단어는 인간들끼리 소통하기 위해 만든 단어이며 언어의 한 부분입니다.
그것들을 마음에서 버리면 없는 것인데 내가 마음으로 붙잡고 있어 내 마음 안에 있는 것입니다.

과거의 경험, 사회적인 영향 갈등으로 발생하는 이러한 바람직스럽지 않은 어둡고 불편한 에너지가 자신의 의도와 관계없이 마음에서 생각으로 올라오는 것은 내가 만들어 쌓아놓은 어두운 나의 업장이며, 어둡고 불편한 에너지를 삭제시키고 행복하게 살아가는 삶을 안내합니다.

편하게 앉아서 숨만 쉬어도 공과 덕, 복이 쌓이고 추구하는 목적을 성취하고 죄(업장)는 삭제되고 몸과 마음은 밝고 맑아져 내면의 지혜가 발현됩니다.

다투지 않아도 승리하고
경쟁하지 않아도 인정받고
채우려 하지 않아도 채워지고
액운은 소멸하고
추구하는 목표는 성취하고
심리적 마음은 평온하고
기와 운이 상승하여 사업 성공, 자녀 성공, 가정 행복을 만들어 가며, 자기중심으로 살아온 삶에서 상대를 이해하고 인정하고 배려하는 내면의 폭을 넓히는 자기 계발 호흡수행 입니다.

지혜가 부족한 지식만의 삶은 모래성을 쌓는 것과 같이 언제 무너질지 모르는 불안정한 삶입니다.
지혜를 닦아 현명한 삶으로 이번 생과 다음 생의 연결성으로 세세생생 행복하게 살아갈 수 있는 길이 있습니다.

## 28. 관념과 습관을 바꾸다

업장 소멸 수행은 내면의 정신적인 안정과 성장을 추구합니다.

처음 시작해서 얼마 동안에는 수행자의 몸, 생체리듬, 시스템 변화의 기분을 느낄 수도 있습니다.

이러한 현상이 일어나는 것은 나와 몸은 어제에 이어 오늘을 살아가고 있고, 내일은 오늘에 이어서 계속 어제에 이어 오늘을 살아가는 시스템으로 작동하고 있습니다.

수행을 안 하면 내 몸에 아무런 변화가 생기지 않지만, 수행하니까, 고무줄을 당기면 원래 위치로 회귀하려는 관념과 습성이 생기는 것과 같이 내 몸 생채리듬의 변화가 일어나는 자연스러운 현상입니다.

지속적인 호흡 수행은 꿈속에서든 수행 중이든 부처님의 가피와 불보살님의 친견으로 수행자의 각각의 성품 따라 추구하는 소원 따라 안내를 해주십니다.

수행 초기에는 주로 꿈속에서 안내해 주시거나 가피를 주시고 수행을 통한 어느 정도 마음이 맑고 밝아지면 꿈속이 아닌, 수행 중에도 불보살님들의 친견으로 격려와 응원의 가피도 받을 수 있습니다.

부처님이나 불보살님이 주시는 가피를 수행 초기에는 해석하는 기력이 약해 수행 점검 및 해석 등 안내받고 수행자가 기력이 높아 지면 스스로 해석할 수 있는 법력과 도력이 생기는 수행입니다.
모든 사람은 자신은 선하고 양보하고 착하게 살아가고 있다고 생각합니다.

그러나 자신의 행동이나 태도에 대해 지난날에 살아왔던 일상의 그것들을 호흡의 힘으로 관찰하면 자신도 모르게 아쉬움·미련·후회의 삶으로 살아왔음을 알 수 있으며, 당당하고 자부심이 있었던 삶과 바람직스럽고 잘한 것은 별로 없습니다.

호흡 수행은 과거의 기록으로 떠오르는 기억들을 소멸시키는 방법으로 어떠한 사물이나 형상에 절하고 빌면서 타력의 힘에 의존하여 삭제시키는 것이 아니며 순수한 자신의 호흡에 의한 능력으로 삭제시키는 수행입니다.

내면의 관찰을 통한 자신의 가치와 신념을 비교하여 과거 행동의 배경에 숨겨져 있었던 어두움에 대한 의도와 동기를 이해하고 상대방 또는 자신에게 어떠한 영향을 미쳤는지, 그 당시에는 그렇게밖에 할 수 없었던 그것들을 지금은 더 명확히 이해하고 화해하고 용서하는 과정으로 소멸시키는 수행입니다.

자신의 가치관에 의한 목표와 가족, 사회적 상황 등에 따라 진로를 선택하고 목표를 추구해 가는 여정에서 선행으로 봉사하면서 윤리적이고 도덕적인 사회와 조화를 이루고 유지하는 분은 선행으로 살아가고 있는 분입니다.

그러나 사회적 윤리를 벗어난 자기중심적 탐심과 욕망에 대한 삶의 결과는 악 도로 이어질 확률이 높아, 이대로 타고난 수명을 다하고 죽으면 악 도로 가야 할 사람들이 있겠다는 안타까운 생각이 듭니다.

이 책과 인연 되어 호흡 수행으로 지난날을 관찰하면 아쉬움, 미련, 후회, 내면의 어두운 에너지의 업장으로 자신의 몸, 세포에 얼마나 많이 두껍게 쌓여 있는지 알 수 있습니다.

인간은 욕망을 가지고 살아가기에 채워지면 만족하고 행복함을 느끼지만, 자신이 생각하는 이상에서 부족하고 미흡하면 불행하고 화나고 슬프고 어두운 분별심이 마음에서 일어나 욕망을 채우려다 상대에게 상처를 주기도 하고 받기도 하면서 살아가고 있습니다.

그러면서도 자신은 손해 보고 선행하며 살아왔다고 생각하지만, 자신도 모르게 만들어진 업장이 태산같이 높고 돌덩이같이 무거움을 알 수 있습니다.
흐리고 혼탁한 그것들을 호흡의 힘으로 자신의 업장이 지워지고 삭제되는 과정을 체험하면 기쁨에 찬 환희와 즐거움을 느끼게 되고 앞으로 미래의 삶에 대한 자부심으로 풍요로운 사람으로 변화해 가는 과정을 스스로 체험하여 당당하고 즐겁고 싱그러운 삶이 됩니다.

우리는 자신의 성품을 스스로 바꾸지 못해서 상대가 바꾸어 지길 바라지만, 내가 나를 바꾸기 어려운 것과 같이 상대도 자기를 바꾸기 어렵다는 것을 인정하고 이해하면 서로 부딪치는 일은 줄어듭니다. 자기 좋아지려고 상대를 바꾸려 하지 말고 스스로 나를 바꾸기가 더 쉽고 빠릅니다.

## 29. 호흡수행으로 얻어지는 효과는?

호흡 수행은 특정한 장소가 아닌 개인이 편리한 시간 장소를 선택하여 앉은 자세에서 꼬리뼈 1번 척추를 꼿꼿하게 세우고 앉아있는 자세에서 코로 들이마시고 입으로 깊고 길게 불어내는 들숨과 날숨을 훈련합니다. 앉아서 호흡만 하는 아주 쉬운 숨쉬기 훈련이지요.

몸이 불편한 부분이 있다면 편하게 움직여도 됩니다. 육체가 힘들게 체벌 받는 식으로 하지 마시고 아주 편하게 즐겁게 앉아서 코로 들이마시고 입으로 깊고 길게 반복적으로 불어내는 호흡수행 입니다.

그러나 자신에게 무엇인가 추구하는 이로움을 얻고자 하는 목표가 있다면, 수행자가 앉아있는 맞은편에 존경하는 분이 계신다는 마음가짐으로 예의를 갖추면 수행자가 추구하는 소원을 신령스러운 존재들은 예의 갖춤을 전달받아 불보살님의 가피를 더 크게, 더 많이, 더 빨리, 성취할 수 있습니다.

수행을 하루 1시간씩 지속으로 150시간만 해도 불법을 수호하는 불보살님이 나에 관한 모두를 관찰하고 있다는 확인을 꿈속에서든 수행 중이든 수행자에게 확인시켜 주는 희유함이 있는 호흡수행 입니다.

지속적인 수행을 한다는 조건에서, 수행자의 지금의 현실에서부터 미래 생의 공과 덕이 쌓여 가는 다양한 재물, 복 그릇, 복 창고를 볼 수 있고, 복 그릇이나 창고가 없는 사람은 수행의 힘에 의한 영적으로 그것들을 만들어 가면서 채워가는 과정을 보여주는 호흡수행 입니다.

그러나 천 리를 가려면 한발부터 시작하듯 처음부터 잘하려고 무리하지 마시고, 가볍고 즐겁게 하다 보면 불보살님이 수행자의 성품에 맞춤식으로 안내해 주시는 풍성함과 희유함이 있습니다.

호흡 수행은 하루 1시간을 목표로 하되, 체력이 되지 않는 분은 하루 20~30분씩 시작하면 됩니다.
목표 수행시간이 길수록 변화하고 개선되는 효과가 빠르니, 점차 적으로 수행시간을 1시간까지 늘려나가는 것을 권장합니다.

지속적인 수행은 업장 소멸·건강 회복·수명연장·가족화합·자녀 성공·재물 성취·사업 성공·취업 인연 등 인간의 다양한 길흉화복의 풍성한 연결성으로 추구하는 소원을 이루어 나아가는 호흡속의 기적입니다.

호흡 수행으로 마음은 평온과 안정적으로 유지되고 자기를 관찰하고 조절하는 능력으로 생각 또는 감정, 행동 등 사회적 다양함에서 자신을 조절할 수 있는 마음의 힘과 능력이 향상되며 지식을 넘어 지혜의 삶으로 살아갑니다.

제일 어려운 것이 자신의 관념적 습관과 성품에서 나오는 감정과 행동을 조절하는 것입니다.

자신에 대한 장단점은 스스로 잘 알고 있으나 내면의 시스템에 의한 성품으로 짜여있는 습관을 바꾸기 어려운 것은 어머니 몸에서 발육성장 될 때부터 인성과 성품이 선천적 뇌의 시스템으로 짜여있는 대로, 성장하면서 추구하고 습득하며 터득한 정보와 데이터를 저장하고 있는 자신의 몸 시스템에서 말과 행동으로 발현되기 때문입니다.

그 사람은 좋다 싫다. 로 분별하는 말과 행동이 그 사람의 습관이고 성품이며 인성입니다.
선행하는 사람이 하루를 시작하면서 오늘은 선행해야지 하고 선행하는 것이 아닙니다.

본인이 좋아서 하는 행동이 다른 사람이 보아서 선행입니다.
악행 하는 사람도 오늘은 악행 해야지 하고 악행 하는 것이 아닙니다.
선행하는 사람 악행 하는 사람, 모두 자신은 좋아서 하는 행동이며 사회적·윤리적·도덕적으로 악행과 선행으로 분류됩니다.

우리 인간에게 유전적 요인과 환경적 요인으로 몸 시스템으로 형성돼 자신의 내면에 짜여있는, 바람직스럽지 않은 선천적 인성과 성품의 데이터를 삭제하고 수정하고 제거하는 방법은 현대 과학이나 의학에서는 도전하기 어려운 일입니다.
그러나 불교에서는 몇천 년 전부터 인간에 대한 마음을 연구해 오고 발전해 온 깊이가 있고 타 종교에서 흉내 낼 수 없는 정법 호흡 수행이 있습니다.

수행으로 하루를 시작하면 그날의 액운은 모두 소멸하고 아침 햇살에 맑은 하늘을 보는 것과 같이 기와 운의 상승으로 활기찬 생활을 지낼 수 있습니다.
수행으로 얻어지는 효과는 마음에서 일어나는 감정의 변화를 자신이 추구하는 방향으로 쉽게 유도하고 내면의 어두움을 삭제하고 교정하고 수정할 수 있는 능력을 키우며 자부심이 있고 미련 아쉬움, 후회가 없는 당당하게 살아갈 수 있습니다.

호흡은 통한 내면의 부정적인 성품을 긍정으로 바꾸어 자신의 중요한 가치를 찾고 가정이나 타인과의 소통과 상호작용에서 자신을 상승으로 발전시켜 나가는 풍요로움이 있습니다.

**30. 수행은 하루 몇 시간 동안씩 해도 되나요?**

사람마다 직업과 나이에 따라 다르긴 하지만 약 100 시간 정도 하면, 자신의 업장이 지워지면서 변화해 가는 것을 체험할 수 있으며, 당당한 자긍심이 내면에서 발현되는 것을 느낄 수 있는 단계입니다.
300시간 정도 하면 선천성과 후천성 습관, 성품에 대한 부정적인 요소를 스스로 이해하고 마음에서 일어나는 감정을 조절할 수 있는 지혜가 발현되며, 스스로 합리적 이해와 상대를 배려하는 성품이 발현되어, 긍정적 인성으로 바뀌어 가는 과정을 수행자가 체험하면서 알아차립니다.

습관과 관념으로 굳어져 있는 자신의 성품이 합리적이고 긍정적인 성품으로 변화해 가는 것을 알아차림으로써 자신에 대해 스스로 당당해지고 자부심이 생깁니다. 자신이 긍정으로 달라진다는 것은 상상도 못 했는데, 나 스스로 변화해 가는 기적이 일어납니다.

지속적인 수행은 내면에 잠재하고 있는 부정적 에너지는 모두 삭제되고 지식으로 살아오던 삶에서 지혜의 삶으로 바뀌어, 수행자의 타고난 운명이 상승으로 기와 운이 스스로 열려 정당한 것이라면 무엇을 해도 성공하는 자신의 능력으로 운명을 열어가는 호흡 수행입니다.

누구를 만나도 긍정적으로 인정받고 나로 인해 주위가 따뜻하고 행복으로 변화해 가는 자신에 대한 긍정의 자부심에서 오는 당당함과 행복은 단발성이 아닌 영원한 행복으로 나에게 머무릅니다.
업장이 강하게 만들어지는 원인은 결혼해서 자녀들을 키우는 과정에서 자기도 모르게 업장도 강하고 두꺼워져 있습니다.

불교에서 말하는 업장은 좋은 말로 표현해서 업장이라 말하며, 사실대로 표현하면 자신이 지은 죄를 업장이라 말합니다.

사람마다 업장도 두껍고 얇음의 차이는 마음속에 쓰인 글과 뼛속에 쓰여있는 글씨의 강도가 다른 것과 같이, 지울 때도 강도의 차이가 있습니다.
마음에 쓰인 글이라면 몇 번의 호흡으로 쉽게 지워지지만, 뼛속에 새긴 글이라면 쉽게 지워지지 않고 생각과 기억이 반복적으로 올라옵니다.

반복적으로 올라오는 이것이 내 몸, 뼈에 새긴 깊은 마음의 상처이고 업장이며 뼛속에 새긴 글이라도 입으로 길게 불어내는 수행의 원력으로 약하게 바뀌면서 삭제되고 소멸하는 수행입니다.
그러나 자기가 만들어 지은 업장은 반드시 자기가 지워야 지워집니다. 자신이 지은 죄를 타력에 의존해서 대신 지운다는 생각은 무지한 생각이지요.

자신의 어두운 습관적 태도와 행동을 호흡의 힘으로 알아차려 변화시키고 삭제하는 것은 어렵지 않습니다. 그러나 나의 호흡의 힘으로 상대방의 의지나 특성을 직접 변화시키는 것은 없는 수행입니다.

자신의 기도나 수행의 힘으로 상대방을 변화시킬 수 있다는 착각은 물속에 가라앉아 있는 돌덩이가 물위로 떠 오르기를 바라는 것과 같고 기름이 물아래로 가라앉기를 바라는 일과 다름없습니다.

상대방을 바꿀 수 있는 수행이나 기도가 있다면 소승이 먼저 기도나 수행으로 세상을 바꾸어 놓고, 어둠과 괴로움에서 살아가는 중생들을 해탈시켜 극락왕생시켰을 것입니다.

업장도 자신이 만든 것. 자신이 지우고 복 짓는 것도 자기 것 자기가 지어야 지어지며, 도 닦음, 수행도 자신이 닦아서 본인 것으로 만들어 갖는 것입니다.보통 사람들 심리는 복은 자기가 갖고 싶고, 죄는 다른 곳으로 밀어내려 하지요.

이 마음으론 복은 지을 수 있어도 죄 닦기는 어려워 지은 복이 다하면 죄가 남아있어 한순간에 나락으로 떨어지는 것은 우주 자연의 평범한 질서입니다.

몸 가지고 살아가는데 복도 필요하지만, 죄가 없어야 합니다. 호흡 수행의 힘으로 법력과 도력의 깊이가 높고 내면이 청정하면 수행자 몸에서 발현되는 긍정의 파장으로 맑고 밝은 긍정적인 에너지의 기원을 전하는 파장과 리듬이 상대에게 전달되어 점차적으로 상대가 변화해 가는 일은 어렵지 않게 일어납니다.

그러나 상대방을 의도적으로 변화시키는 것이 아니라, 내가 먼저 변화하여 상대에게 긍정의 힘과 용기를 보내 주고 수행을 통한 자신의 안정적이고 절제된 태도는 현실의 상황을 변화해 가기 위한 성의 있는 행동이며, 상대방이 변화할 수 있는 동기부여가 됩니다.

소통과 이해가 이루어 지면 서로 간에 입장과 가치관을 이해할 수 있으며, 상호 간에 안정적 풍요를 위해 노력할 수 있는 자양분이 되어 풍성하고 돈독한 관계로 발전하기 위한 변화가 이루어집니다.

수행의 힘으로 많은 사람들에게 의미가 있는 긍정적 변화와 상호이해를 통해, 안정적으로 풍요로운 관계를 유지하는 상호 간에 적절한 행동은 상대를 배려하고, 이해하는 마음에서 나올 수 있는 행동입니다.

그러나 자신의 기도나 수행으로 상대방의 성격이나 행동을 변화시키기 위한 수행은 한계가 있고, 상대가 변화하길 원한다면, 자기 자신의 행동과 태도 감정을 조절할 수 있는 마음의 힘을 키워 자기 조절 먼저 우선해야 합니다.

자신은 의지나 행동을 스스로 조절하지 못하면서 상대가 변화하길 바라는 기대나 생각은 안정적이고 풍요로운 관계를 유지하는데 제한적이며, 상대방의 인내심을 요구하게 되지요. 그리하여, 오히려 비판의 대상이 될 수도 있지요.

자기중심적 일상의 현실이 지속 된다면 자신의 사고방식에 대해 관찰할 필요가 있으며, 책임은 지지 않고 권리만 가지려는 독선과 무지, 일방적 이익을 추구하는 태도는 상호이해의 풍요로운 관계를 유지하기 위한 믿음과 신뢰를 훼손하고 협력이 필요한 상황에서 서로에게 안정적이고 풍성한 이익이 되기 어렵습니다.

### 31. 내 삶이 우주 질서 입니다

자신의 계획과 노력으로 성취하려는 목표를 위해 준비하는 열정의 과정에서 목표 달성까지 자기 발전과 배움을 터득해 가는 자세의 삶은 계속해서 자신을 발전시키고 새로운 것을 배워가는 열망으로 지혜를 확장하면서 일상의 다양한 영역에서 상대방에 대한 이해와 배려는 사회적으로 모범이 됩니다.

자신의 계획과 노력으로 만들어 낸 성취는 더욱 가치가 있고 그러한 과정에서 얻어지는 경험과 체험은 자기 발전과 배움으로 평생 가지고 나아갈 수 있는 보물입니다.

다른 이들에게도 동기부여의 긍정적인 영향을 미치며, 빠르게 변화해 가는 문화와 환경을 공유하고 새로운 도전에서 성취감으로 얻어지는 만족감은 풍요롭고 행복한 삶으로 이어집니다.

사람들과 사회적 다양함에서 긍정적 정서를 유지하고 자기 발전을 위한 지식을 확장하면서 새로운 것을 배우려는 긍정적인 태도는 지지와 공감대가 형성됩니다.

어려운 시기에도 서로를 지지받는 내적 안정성과 강인함을 구축하여 목표를 달성하고 지속적인 발전과 성장을 위한 계획과 노력을 동반한 결실과 행운은 자신이 만들어 성취하는 풍성함입니다.

이러한 자신의 노력과 선택이 행운을 조성하고 성취를 이루는 과정에서 정당하고 정직한 자기 책임감의 열정적 노력에 의한 성취감을 주지요.
이는 스스로 내면에서 올라오는 자부심과 풍요로운 삶을 지속으로 높여 나가는 데 도움이 됩니다.

감사함과 성공을 나누는 과정에서 더 큰 행복으로 나아가기 위한 자신의 발전과 성장을 추구하며, 타인에 대한 진정한 이해와 배려는 자신에 대한 삶의 기반을 넓혀나가는 에너지와 내면의 풍부한 긍정의 저수지가 됩니다.

자신의 능력과 지식을 확장하면서 다양한 영역에서 추구하는 목표를 성취하고 경험하는 것을 성공이라 말하며 세상의 모든 만물은 우주 자연의 질서와 법칙에 의한 상호작용으로 존립하며 유지됩니다.

내가 배우고자 한다면 좋은 것이든 나쁜 것이든 버릴 것이 없으며, 훌륭한 지식이 없어 훌륭한 사람이 안 되는 것이 아니라, 넘쳐나는 정보와 풍부한 지식 사회에서 자신이 좋은 것은 받아들이고, 싫은 것은 밀어내면서 세상의 에너지를 흡수하여 내 성품으로 받아들여 나를 만들어 가고 있습니다.

자신이 습득하고 체험하고 터득하면서 평생 쌓아가고 있는 지식은 수익을 창출하는 데는 도움이 되지만, 인간의 행복과는 밀접한 관련은 거의 없습니다. 아무리 다양한 지식을 쌓았다고 해도 지혜가 부족한 지식은 점점 퇴보해지며 메말라 갑니다.

우리나라가 인구비례 교육열이 높아 지식 선진국이지만, 고학력자가 많이 있어 행복한 나라라고 말하지 않습니다. 직장이나 사업장에 지식인 고학력자들이 많이 있어도 행복하다고 말하지 않습니다.

지식으로 살아가는 삶은 현실에서 긍정적으로 어떠한 상황에 관한 결정을 했으나, 시간이 지난 뒤, 그 결정이 잘못된 결정으로 바뀌어 있을 때가 있습니다.

반대로 지금은 부정적인 생각이 들어, 결정하지 않은 결정이 시간이 지난 뒤, 오히려 잘된 결정으로 바뀌어 있을 때가 있습니다.

그러한 오류가 발생하는 것은 지혜가 부족하여 깊고 멀리 관찰하지 못한 지식으로 쌓여 있는 내면의 데이터에서 오류가 발생하는 것입니다.
호흡 수행으로 내면의 혼탁함, 어둡고 부정적인 에

너지를 삭제하면 자신의 몸, 시스템에 의한 지혜가 발현되어 지혜로운 결정으로 오류가 없고, 내가 좋아지면 나와 가장 가까운 순서로 행복이 넓어져 갑니다.

우리 인간은 우주 일부분으로 존재하며, 그 안에서 자신만의 고유한 역할과 의미를 찾아 나가면서, 우주 자연에 의한 질서의 법칙 안에서 자신의 삶을 살아가고 있습니다.

잘살아 보고 싶은 욕망과 행복하게 살아가고 싶은 염원은 누구나 살아가는 목표가 될 수 있지만, 인간이 추구하는 모든 것은 우주 안 자연의 법칙과 질서에서 이루어지고 있습니다.

사람은 잘살고 싶은 욕망과 행복한 삶을 원하고 소망하지만, 그것은 각자가 추구하는 삶의 질과 만족도에 따라 사람마다 각각 느끼는 온도가 다릅니다.

각자가 살아가고 있는 목표는 자신의 가치관과 자기계발, 성취, 가치 창출 등 다양한 형태로 우주 안 자연에서 이루어지고 있습니다.

인간뿐이 아니라 지구의 모든 존재의 생명체가 자연

요소들과 조화롭게 어우러져 상호 연결성과 의존성으로 유지하고 인간도 각각의 다른 존재와 상호작용을 통해 지구 전체의 균형을 유지하는 일부분입니다.

이러한 연결성은 지구상의 모든 생명체와 자연 요소들과 조화를 이루고 유지하고 지키는 것이며 식량 사슬, 기후조절, 생태적 상호관계의 다양한 측면에서 조화롭게 공존함으로써 지구 생태계의 안정성과 지속성이 유지될 수 있게 노력하는 것은 모두의 책임입니다.

인간은 자연과의 조화로부터 얻을 수 있는 내면의 심리적·정서적·잠재력과 자연의 풍요로움과 함께할 때, 헤아릴 수 없을 만큼 얻을 수 있는 이익이 많습니다.

그러나 지식에만 몰입하고 있는 경향이 더 커 인간의 성품이 자기중심적이며, 부정적으로 변화해 가는 안타까움이 있고, 인성과 성품이 지속적으로 팍팍해져 가고 있습니다.

지식은 일상 문제 해결이나 경제적인 목표 달성과 외부적인 경제적 이익을 가져올 수는 있지만, 내면의 지혜는 만족과 풍요, 행복에 영향을 미치며, 지식 이상으로 깊이 있는 이해와 통찰력으로 성숙함과 만족함을 의미합니다. 고로, 지혜는 인간적 풍요와 행복에 더 큰 가치가 있습니다.

눈으로 보이는 외부의 성취물보다, 내면에서 느끼는 풍요는 자신의 잠재력을 상승으로 발현하여 더 나은 삶으로 행복과 기적을 창조할 수 있는 정신적 내면의 힘이 상승하고 희망과 기적을 만들어 가는 목표를 가지며 행운은 어쩌다 우연히 찾아오는 것보다 내가 만들어 성취하는 것이 더 풍요 롭습니다.

행운이 찾아오기만을 바라거나 기대하는 사람에게는 행운이 찾아왔다는 소리 듣지 못했고, 행운을 노력으로 만들어 가는 사람들은 모두 찾았다, 하더이다.

우리가 추구하는 희망과 성공의 목표는 정신적 마음의 힘을 상승으로 키우며 성취를 추구하고, 목표 달성을 향한 자기 계발을 확장하고 맑고 밝은 자신의

깊은 통찰력에 의한 이해의 믿음에서 올라오는 당당함으로 지혜가 발현되어 복잡한 상황에서도 본질을 정확하게 파악하는 통찰력을 토대로 상호 간의 이해와 배려를 형성하는 힘은 자신의 내적인 신뢰와 확

신이 있어야 가능합니다.
통찰력은 상황을 다양한 각도에서 이해하고 그 본질을 파악하는 능력을 의미합니다.
내적인 신뢰와 확신은 자신의 판단력과 감정에 대한 믿음을 의미하며, 복잡한 상황에서도 자신의 판단을 신뢰하고, 그것을 바탕으로 타인과의 상호 작용하며 진행해 나아갑니다.

또한 내적인 신뢰와 확신이 있는 사람은 타인의 의견을 존중하고, 받아들일 수 있는 여유로 상대방의 관점을 이해하려는 노력과 긍정적인 대인 관계를 유지하고 복잡한 상황에서도 잘 대처해 나아갑니다.

## 32. 수행 점검 받으면 효과가 빠르다

인간의 몸이 시스템으로 작동하는 원리는 우리가 추구하는 행복에 맞춰져 작동하는 것이 아니라 종족이 멸종되지 않고 안정적으로 살아남아 생존과 번영을 우선으로 작동하는 시스템입니다.

그것은 인간의 생존과 번식을 위해 진화해 왔기 때문입니다. 그러나 우리는 인간으로서 더 나은 삶과 행복을 추구합니다,

그러기 위해서는 먼저 의욕을 갖고 목표를 세우고

추구하면서 노력하는 행동으로 몸 시스템을 원활하게 작동시킬 수 있는 원리를 알아야 합니다.
더 나은 삶과 행복을 성취하기 위해서는 생각만으로는 우리 몸 시스템은 작동하지 않는다는 것을 말하는 것입니다.

우리의 몸과 두뇌는 언제나 안정적인 것을 원하고 행동과 경험을 통해 발전하고 성장합니다. 목표를 설정하고 달성하기 위한 긍정적인 마음가짐과 노력으로 자신의 능력을 상승시키기 위한 동기부여에 의한 몸 시스템이 작동하는 원리입니다.

우리는 더 나은 삶과 행복을 추구하는 과정에서 단순한 생각에 그치지 않고, 목표를 세우고 행동으로 옮기는 것이 중요합니다. 호흡 수행은 우리의 몸 내면의 잠재력을 시스템에 의해 활성화하기 위한 동기부여 목적도 있습니다.

추구하는 목적을 향한 의욕과 행동은 내면의 시스템을 활성화하여 삶을 더욱 풍요롭게 만들어 갑니다.
처음 호흡 수행 시작하는 분은 몸이 적응되기까지 며칠간은 힘들거나 불편할 수도 있습니다. 사람에 따라 업장이 두껍고 얇고의 차이가 있어, 힘들고 덜 힘들고 차이는 있습니다.

우리나라 불교가 몇천 년 동안 이어오고 앞으로도 계속 성장하고 시대에 맞게 불자들에게 많은 이익과 행복과 희망으로 안내해 가는 과정에서 선지식들의 시대에 맞는 가르침이 있습니다.

호흡 수행은 수행자의 성품에 맞춤식으로 부처님의 가피가 단발성이 아닌 계속 이어져 주시는 특별함이 있습니다.

예를 들어 부처님께서 태몽 꿈으로 참새를 선물로 주셨다면, 수행의 힘으로 참새가 독수리까지 성장해 가는 모습과 중간중간 변화해 가는 과정을 꿈속에서든 수행 중이든 보여주시는 희유함이 있습니다,

또 호박이 꽃을 피워 작은 열매를 맺고 있다면 그 작은 호박이 커가는 과정과 결실이 잘 익은 호박이 되어 허약한 사람에게 보약이 되어 건강이 좋아지는 과정을 연결성으로 몽중 가피, 또는 수행 중에 보여 줍니다. 이것은 수행의 힘에 의한 희유함입니다.

이렇게 다양하게 체험하는 수행자들의 마음과 성품은 긍정과 상승으로 이어져 내면의 자부심으로 인한 당당함과 변화하는 모든 과정을 보여주는 불보살님께서 응원 및 격려해 주시는 수행이라 막연하지 않

습니다.
수행자가 더 잘한다는 욕심으로 다른 방법을 추가하거나 임의로 호흡을 병행하면 수행의 효과가 더 느려집니다.

수행을 처음 시작하면 내 안의 진정한 나가 있고, 또 수행을 방해하는 내 안의 가짜 나도 있음을 체험하게 됩니다.

수행을 방해하는 그것을 마장이라고 하고, 마장은 나를 생각으로 이곳저곳 끌고 다니기도 하고, 번뇌와 망상으로 신체와 정서적으로 피곤하게 하는 특성이 있을 수 있습니다,

이런 식으로 수행을 방해하는 번뇌, 망상 등 생각이 올라와도 그러한 현상에 끌려가지 않고 수행을 지속하면 얼마 지나지 않아, 수행을 방해하던 내 안의 가짜 마장은 진짜 나에게 항복하고 타협으로 들어옵니다.

내 안의 가짜 나가 타협으로 들어오는 과정을 표현한다면, 수행 중에 갑자기 울컥 내면의 깊은 곳에서 감정을 동반한 눈물이 폭포수같이 쏟아져 나옵니다.

과거의 어두운 업장들이 내면에 쌓여 있다가 수행의 힘으로 눈물로 뭉쳐 나오는 것이므로 쏟아지는 눈물, 감정을 참지 말고 내면의 깊은 곳에 쌓여 있다가 나오는 눈물을 한 방울도 남기지 말고, 모두 빼내야 업장이 소멸하고 내면의 지혜가 발현됩니다.

눈물이 나오는 도중에 감정을 억제하여 나오던 눈물이 멈추면, 내면의 깊은 곳에서 올라왔던 업장이 다시 가라앉아 며칠 뒤 다시 올라옵니다.

지금까지 수행의 목적은 1차 내면에 깊숙이 저장하고 있던 업장, 그 눈물 빼내기 위한 수행이었습니다.

**1. 업장 소멸 1단계**

눈물이 모두 나오면, 자신의 고정관념에서 오는 생각이 지혜롭게 변화해 가고 있음을 알아차리며, 내면이 맑고, 밝아, 아침 햇살에 맑은 하늘을 보는 것과 같이 청명하고 바르게 보입니다.

수행을 방해하는 마장을 이겨내고 지속적인 수행은 가짜 나가 진정한 나에게 타협하고 항복하는 순간을 수행자의 눈물로 표현하면서 나오는 것입니다.

내면에 그런 것들이나를 어둡고 혼탁하고 무지한 삶으로 살아오게 만든 나의 업장이고 아쉬움, 미련, 후회의 애환이며 내면에 저장되어 있던 눈물 덩어리는 과거의 나의 어두운 에너지가 눈물로 뭉쳐져 나오는 것입니다.

눈물 덩어리가 모두 나오면 몸 시스템에 의한 부정적인 에너지에 의한 어두움이 삭제되며 소멸하는 과정입니다.

또 긍정적이며 지혜롭게 변화해 가기 위한 출발점이며, 내가 나에게 속아 살아왔다는 것을 그때야 비로소 마음으로 느끼고 진짜 나가 가짜 나를 항복시키는 순간, 눈물 덩어리로 펑펑 쏟아져 나오는 것입니다.
지나온 과거는 아쉬운 점이 있지만, 지금부터라도 지혜롭게 살아갈 수 있다는 환희에 찬 기쁨의 눈물과 지난날 어리석음으로 살아온 아쉬움의 눈물방울이 주체할 수 없이 폭포수처럼 쏟아져 나옵니다.

내 마음 깊은 곳에서 올라오는 눈물은 아쉬움과 희망찬 기쁨의 감정이 함께 섞여 지속해서 올라오는 감동의 희열을 느끼고 체험하면서 세상을 바라보는 지혜의 안목이 높고 넓고 밝고 깊게 발현됩니다.

펑펑 쏟아져 나오는 눈물 덩어리는 눈물이 아니라 삼라만상의 억눌리고 참았던 애증·애환·슬픔과 분노·아쉬움·미련·후회의 업장의 어두운 에너지가 눈물 덩어리로 뭉쳐져 나오면서 내면에서 저장하고 있던 업장이 삭제되고 소멸되는 것입니다.

사람마다 살아온 과정이 다양해 눈물 나오는 기간은 각각 일정하지 않으며, 살아온 날이 얼마 되지 않은 젊은 사람은 적게 나오거나 안 나오는 사람도 있습니다.

살아온 날이 많을수록 남녀노소 모두에게 눈물 덩어리는 필연으로 나옵니다. 짧게 나오는 사람은 1시간을 기준으로 2-3 차례 정도 나오고 길게 나오는 사람은 1개월 이상 나오는 사람도 있습니다.

눈물방울이 모두 나온 후에는 같은 사물을 보더라도 수행하기 전에는 지식으로 해석하고 표현하면서 살아오던 삶에서 지혜가 발현되어 사물이나 형상에 대한 지혜로운 해석으로 바뀌어 가는 과정을 본인이 알아차리고 나 스스로 지혜로운 삶으로 변화해 가는 것을 체험하게 되며, 긍정적이고 당당한 자부심에 의한 희망이 상승합니다.

## 2. 업장 소멸 2단계

수행 중에 눈물이 쏟아져 나오기까지가 1단계 업장 소멸이었습니다,
2단계에는 내 몸에 쌓여 있는 업장이 꿈속에서 또는 수행중에 보여주는 것으로 소멸하는 과정이 있습니다.

꿈속에서 보이는 현상은 자신이 살아오면서 만들어 쌓아놓은 업장을 형상이나 물질적인 그것들을 꿈속에서 본인에게 비유적으로 보여주는 것으로 소멸하고 삭제되는 것입니다.

자신의 성품이 까칠해서 상대방에게 상처를 주었거나 마음을 아프게 하는 성품이었다면, 꿈속에서 상대방이 아픔을 느낄 수 있는 바늘이나 압정 또는 날카로운 핀 등 자신이 말하고 행동했던 성품을 다양한 물질적인 도구를 비유적으로 꿈속에서 보여주는 것으로 업장이 소멸되고 삭제되는 것입니다.

선한 행으로 살아온 사람은 선한 물질적인 도구를 보여주고 추하게 살아온 사람은 추한 물질적인 것을 업장의 종류에 따라 꿈속에서 또는 수행 중에 비유적으로 보여줌으로써, 자신의 업장이 삭제되었다는 것을 알 수 있으며, 이번 생과 다음 세상으로 연결

되는 윤회의 원리를 자신이 직접 체험함으로 비로소 이해하게 됩니다.

### 3. 업장 소멸 3단계

우리는 살아오면서 말하고 행동한 성품, 인성에 대한 결과물이 사람마다 다양하며, 상처가 크고 두껍고 강한 업장들이 1-2차에서 덜 지워진 것이 있다면 한 번 더 3차 꿈속서 또는 수행 중에 물질적인 도구, 액체의 농도, 벌레, 오물 등 1-2차에서 보여주었던 것들보다 약하게 자신이 살아온 업장을 액체의 종류와 색으로 여러 가지 다양한 도구와 형상을 한 번 더 비유적으로 꿈속에서 또는 수행 중에 보여주는 것으로 업장이 깨끗하게 소멸하고 삭제되는 것입니다.

### 4. 업장 소멸 4단계

1단계에서 어두운 에너지 눈물 덩어리가 모두 나옴으로써 업장이 삭제되었습니다. 2단계에서는 자신의 성품으로 상대방에게 심리적 영향을 미친 다양한 도구나 물질적 형상을 꿈속에서 수행 중에 비유적으로 보여주는 것으로 그것들을 삭제시켰습니다.

아직 덜 지워진 업장은 3단계에서 한번더 보여주는 것으로 모두 삭제시켰으며, 업장 소멸 4단계에서는 수행자의 마음에서 옛날 우물 속으로 두레박이 덜커덩 내려가는 과정을 체험하게 됩니다.

어떤 수행자는 승용차를 타고 가려고 의자에 앉는 순간 덜커덩 무거운 덩어리가 마음에서 아래로 내려가는 과정을 체험하고 견성·깨달음을 체험했다고 착각하는 수행자도 있습니다.

그러한 체험은 견성을 체험한 것이 아니며, 마음에서 아래로 덜커덩 덩어리로 된 무언가가 내려가는 과정을 체험했다면, 자신의 업장은 모두 삭제된 것이며, 심리는 안정적으로 평온해졌고 긍정적인 지혜의 삶과 도인의 길에 들어가는 출발점입니다.

업장이 소멸되면 지금까지 살아오던 삶의 방식과는 차원이 다르게 내면의 시스템에서 더 큰 지혜가 발현되어, 주변의 다양한 일상에서 일어나는 상황이 마치 나를 위해 호의적으로 맞추어 움직이는 것 같은 긍정적인 현상을 느끼게 됩니다. 나는 풍성하고 싱그러워짐을 체험하게 됩니다.

이제부터는 내면의 어두운 에너지는 모두 삭제 되었으므로 도인의 삶을 살아가며, 우주의 에너지와 신령스러운 불보살님과 수행자의 맑고 청정한 에너지를 합한 시너지에 의한 상승으로 기와 운과 지혜가 발현되어 자신이 목표하고 추구하는 강력한 발복이 일어나, 추구하는 목표는 성취하고 이번 생부터 다음 생의 연결로 모든 일은 만사형통하며 스스로 지혜의 삶으로 찾아가 행복하고 풍요로운 삶으로 살아갈 수 있습니다.

업장 소멸 호흡 수행을 통해 업장은 모두 소멸하였으므로 죄 없고 복만 있으니, 다음 생에 인간 몸 받아 다시 태어날 때는 지금 몸 보다, 더 좋은 몸 받아 풍요롭고 행복한 삶을 예약해 놓은 것입니다.

## 33.독수리 방편문

위 사진은 촛불 속에서 하늘을 나는 독수리 형상을 촬영한 것입니다.

촛불 속에서 하늘을 나는 독수리를 형상화한 방편문은 석가모니부처님, 관세음보살님, 지장보살님, 삼불부처님께서 원력과 영험과 감흥의 가피로 업장 소멸 중책을 소승에게도 부여했다는 부처님 인증서입니다.

필요하신 분은 독수리 사진을 코팅해서 명암같이 소지하면, 수행자의 내면의 몸 시스템에 의한 기와 운이 상승으로 발현하는 방편문 입니다.

## 34. 하늘을 나는 독수리

이 책에 사진으로 실려있는 화엄 신장님, 산왕 대신님, 용왕 대신님, 복두꺼비 보살님, 지옥문을 지키시는 무독귀왕님, 불보살님들의 원력과 영험, 가피, 감흥을 모두 합한 첫 번째 독수리 사진 한 장 속에 모두 들어있습니다.

촛불 속에서 불이 춤을 추면서 독수리 형상의 메시지 뜻은 인간 세상 높은 곳에서, 천 눈으로 광명 비춰 중생들을 두루 살펴 주신다는 부처님의 자비로우신 메시지입니다.

업장 소멸 수행의 힘은 수행자의 운명에 대한 기적을 상승으로 design 할 수 있는 강력한 도구입니다.

불보살님들은 그림이나, 상상 속에서만 존재해 오면서 영적 존재들의 신령스러운 힘에 의한 인간에 대한 지배 능력이 있다는 믿음이 있습니다.

의식적인 호흡 수행을 통해, 자기 계발과 상승을 추구하고 내면의 지혜를 발현하면서, 불법을 수호하는 신령스러운 존재들의 불가사의한 힘과 우주의 무한한 에너지를 합한 강력한 +Q 상승의 시너지 효과가 발현되며, 현실에서부터 미래 생까지 자신의 인생 농사를 짓는 수행입니다.

그림이나 상상 속에서만 존재해 오던, 영적 존재들이 실제로 현상계에 존재하고 있다는 사실을 증명하기 위해 인간의 기술이나, 과학으로 창작할 수 없는 촛불 속 빛의 형상으로 나타나셔서 자신의 존재를 보여주시는 사진입니다.

촛불 속에서 불이 춤을 추면서 실체의 모양으로 나타나신 모습을 사진으로 촬영된 사례는 우리나라 불교 역사에서나 세계적으로도 최초이며 희유하고 희귀성이 있는 사진 자료입니다.

거룩하고 불가사의한 부처님 인증서를 소승이 보관하고 있는 것보다 수행자들의 소원성취를 위한 방편문으로 내놓는 것입니다.

수행자의 액운은 소멸하고, 기와 운이 상승하여, 기적을 design 하는, 능력과 행운을 만들어 가는 능력이 내 몸 시스템에서 발현됩니다.

추구하는 소원이 이루어진다고 말하니 살아오면서 자신에게 밀려있던 숙제를 한 번에 해결하려는 욕심이 아니라면, 규칙적이고 지속적인 수행으로 추구하는 소원을 성취해 갑니다.

수행에 관심이 있으신 분은 책에서 안내하는 수행방법이 이해될 때까지 자세히 읽어 수행하면서 자세가 흐트러지거나, 몸의 변화, 생각의 변화, 수행 중에 보이는 현상 또는 꿈속에서 일어나는 현상을 순서대로 메모해서 수행 점검받으면 수행의 효과가 빠릅니다.

불보살님들의 신령스러운 존재들과 인간의 무한한 에너지와 +Q 융합한 강력한 시너지에 의한 상승의 힘과 능력으로 추구하는 목표를 성취할 수 있는 메시지입니다.

개인이나 가족 조직의 어려운 상황에서 활기찬 변화로 성공을 창출해 갑니다.

어려운 상황에서 목표를 향한 노력으로 행운을 만들어 가며 자신의 기와 운의 상호작용으로 기적을 창출할 수 있는 내면의 에너지가 상승으로 작동합니다.

종교를 떠나 인간의 정신과 몸, 시스템에서 발현되는 기와 운의 요소들에 의한 상호작용으로 몸 시스템에 의한 에너지를 상승시키는 개념은 동양 철학 및 전통 한의학 또는 의학에서 중요한 원리 중 하나로 적용하며 인정하고 있습니다.

이러한 원리들은 종종 에너지 흐름·균형·조화 등을 강조하며 건강과 운명에 대한 삶의 질을 높이고 개선하기 위한 원리로 적용해 오고 있는 불교 종교는 인간의 마음의 병을 치유하는 데 있어 지식과 과학보다 월등히 앞서 나아가고 있습니다.

## 35. 마음속 업장의 무게

이 사진은 몸 가지고 살아가는 중생들의 말과 행위의 결과물인 업장이 바위같이 크고, 무겁다는 촛불속 메시지입니다.

촛불 속에서 묵묵히 만들어진 돌덩이의 메시지는 중생이 무거운 업장으로 어려움이나 고통을 나타낸다는 메시지입니다.

몸 가지고 살아온 행위의 결과물인 중생의 업장이 촛불 속 돌덩이와 같이 무거운 업장을 가지면, 인간 세상뿐 아니라, 지옥·아귀·축생으로 윤회하며, 그 업장 가지고 태어난 이번 생의 몸과 다음 생의 몸도 힘들게 살아가게 된다는 부처님의 가르침입니다.

무거운 업장은 과거에 말하고 행위에 대한 결과물을 말하는 것이며, 현실의 삶에서부터 미래 생까지 자신의 운명에 영향을 미치며, 죽음 후에 새로운 세상으로 다시 태어나는 미래 생의 운명 결정을 윤회라고 합니다.

부처님의 가르침은 고통과 괴로움을 없애고, 성불해서 해탈을 목표로 추구하는 가르침입니다.

그러나 우리는 수행을 통한 해탈에 도달하기까지는 중생이란 몸을 가지고 있기에 살아가는 동안 자신도 모르게 만들어지는 업장을 수행의 힘으로 내면의 어두운 에너지를 정화 시키고 청정하고 맑고 밝은 상태로 만들어 갑니다.

우리가 몸 가지고 살아가는 동안 삶의 질을 높이고 행복을 추구하고 괴로움과 고통을 없애고 윤회를 벗어나 해탈을 이루는 것을 목표로 하는 가르침입니다.

우리는 목표에 도달하기까지 몸을 가지고 살아가야 하는 몸이 있기에 복과 덕을 겸비한 넉넉하고 여유로운 삶으로 살아가면서, 성불과 해탈의 목표에 도달하도록 안내하는 것입니다.
이것은 업장 소멸 수행을 통해 마음의 평화와 해탈을 추구하되, 삶을 지혜롭게 관리하고 타인들과 함께 긍정으로 살아가는 보시 바라밀 행의 가르침입니다.

## 36. 내면의 흐리고 혼탁한 업장

위 사진은 우리 중생들의 내면이 촛불 속 사진과 같이 흐리고 혼탁하다는 메시지입니다.

이는 수행을 통하여 흐리고 혼탁한 내면을 맑고 밝게 닦아 청정하게 자성의 빛을 발현시켜, 순수하고 빛과 같은 광명한 본성으로 지혜롭게 살아가라는 메시지입니다.

우리는 오탁악세 즉, 다섯 가지 흐리고 혼탁한 세상에 적응하며, 살아가는 중생들의 마음이 자신도 모르게 흐리고 혼탁하게 물들어져 변화해 가는 세상에 삽니다.
겁탁, 시대의 더러움
견탁, 견해가 다른 것·사악함
번뇌탁, 탐욕과 분노
중생탁, 자질이 낮은 속이는 것
명탁, 짧아지는 수명

사진과 같이 우리의 마음이 흐리고 혼탁합니다.
호흡 수행으로 정신적 혼란이나, 어둡고 부정적인 감정을 맑고 밝게 닦아 긍정적인 사고 또는 윤리적인 행동으로 살아가기 위한 삶을 추구합니다.

사람 마음마다 다양하게 일어나는 탐욕에서 오게 되는 욕망·어리석음·분노·아쉬움·미련·후회·현실의 가짜 혹은 유혹 등으로 찬란하게 빛나는 광명 같은 자신의 본성이 세상의 흐리고 혼탁함으로 물들어져 갑니다.

그러나 어둡고 혼란스러운 내면의 본성을 시대와 환경을 탓하지 않고 올바른 견해를 유지하며, 비판이나 변명이 아닌 윤리적이고 원칙에 근거하여 행동하고 살아가기 위함입니다.

이는 도덕적 책임과 원칙의 가치를 우선하며, 자신의 책임을 겸허하게 받아들이고 외부의 부정적 영향에서 내면의 청정하고 깨끗한 본성으로 풍요롭고 풍성한 삶을 창출해 갑니다.

깨끗하고 청정한 본성이 어떤 외부의 영향에도 물들지 않는 정신적인 견고함을 유지하며, 자신의 인생농사를 스스로 지어가라는 부처님의 가르침입니다.

## 37.화엄 신장

위의 사진은 사찰 법당 안 신중전에 계시는 화엄신장 불보살님께서 소승에게 와계신다는 증명을 촛불속 형상으로 보여주시는 과정을 사진으로 촬영하였습니다.

화엄 신장님은 한국불교는 물론, 다른 아시아 국가에서도 거룩하고 불가사의한 신성성과 중요성, 자비로운 본성으로 많은 불자님들이 원하는 소원을 이루어 주시고 정당한 소원이라면, 어떤 소원이라도 모두 이루어 나갈 수 있는 불가사의한 힘과 능력을 갖추고 계신 존경받는 불보살님입니다.

불법을 수호하고 중생들의 괴로움과 고통을 삭제시키거나 완화하고, 소원을 들어주기 위해 끝없는 자비와 인자를 행하시는 거룩하신 존재로, 불교에서 큰 역할을 하시는 법당 안 신중전에 계시는 화엄 신장님이 십니다.

법당 안 신중전에 계시는 신장님은 해탈을 이룬 아라한과는 다르고 고귀하고 성스럽고 거룩하신 자비로 중생들의 소원을 성취하고 이루어 나갈 수 있도록 응원하시는 신성한 존재로 중생들을 성불과 해탈로 안내하며 헌신하는 불보살님입니다.
불자들의 안녕과 행복, 성장과 발전을 응원하며 추구하는 목표를 향한 성공과 행복이 이루어질 수 있도록 안내하십니다.

화엄신장 불보살님은 불교의 아이콘이기도 하고 다양한 모습으로 천팔 천 개의 손, 천안 천 개의 눈으로 다양하고 자비로운 모습으로 중생들의 스스로의 성장과 수행자들의 발전과 성공을 응원하시는 화엄신장님 이십니다.

소원성취, 재물복, 수명연장, 건강 회복 등 화엄 신장님에게 진실한 마음이 전해졌을 때, 그 소원이 정당한 소원이라면 어떠한 소원이든 다양한 방법으로 신장님의 무한한 능력으로 자비의 가피를 받을 수 있습니다.

## 38. 산왕 대신 (산신령)

위의 사진은 산신각에 계시는 산왕 대신님께서 영지버섯 위에 계시는 모습으로 소승에게 와계신다는 증명을 촛불 속 형상으로 보여주시는 모습을 사진으로 촬영했습니다.

영지버섯은 의학적 치료를 넘어서 심리적인 치유 효과와 실질적으로 병고를 낮게 하는 명약이며, 행운과 풍요를 상징하는 신비한 식물입니다.

영지버섯을 부처님의 영적 가피로 수행 중이거나, 꿈속에서 형상을 보거나, 소유하면 행운이 따르고 부자가 된다는 믿음이 있습니다.

왼쪽에는 주장자를 들고 계시고, 가슴 부분에는 중생들을 사랑한다는 표현으로 하트를 표현하고 계십니다.

산신령님은 산을 배경으로 한 사찰이나, 또는 산신각에 계시며, 다양한 영적인 능력과 강력한 힘을 갖추신 인간 세상의 자비·사랑·행복·성공·재물 등 중생들과 가까이 연결되어 응원하고 제도 해주시는 산신령이십니다.
인간의 기와 운이 산신령님의 영적인 힘을 받아 +Q

시너지 효과로 발복이 일어나, 수행자가 추구하는 목표가 성공으로 실현되도록 강력한 영적인 힘과 지배력을 가지고 계시는 산왕대신입니다.

땅의 혈맥이 사람 몸, 혈맥과 같은 구조로 연결되어 있어, 사람에게 재물복이 있다고 해도 땅에서 발복이 일어나야 성취할 수 있습니다.

산왕대신님은 강력한 영적 힘과 능력으로 땅에서 발복을 일으켜 사람과 사람 사이에서 복이 실현되도록 성공으로 안내해 주고 격려해 주시는 산신령님입니다.

언제나 중생들의 고난과 어려움을 극복할 수 있도록 응원해 주시고 중생들의 행운과 번영을 기원하며, 재앙을 소멸하고 재물복과 중생들의 기와 운을 상승으로 이어지도록 신령스럽고 불가사의한 능력을 행사하시는 존재이십니다.

## 39. 용왕 대신(용궁의 용왕)

위의 사진은 촛불 속에서 용의 머리 부분을 형상화한 용왕대신님이십니다. 용왕님께서 소승에게 와계신다는 것을 증명하시는 메시지를 사진으로 촬영했습니다.

용왕대신은 바닷속 깊은 곳 용궁이라는 궁궐에 계시지만 때로는 호수에 사는 용으로 등장하기도 합니다.

용은 신비로운 조화의 힘이 있다는 믿음이 있고 다양한 문화와 예술에 등장하는 상상 속의 이야기나 동화 속 전설에서 나오는 신령스럽고 영적인 존재가 현실에서 실제 하다는 모습을 증명하기 위해 촛불 속 형상으로 나타나셨습니다.

용은 신령스럽고 신비로움을 갖춘 영적인 존재로 바닷속 깊이 용궁에도 계시기도 하며, 또는 하늘에도 나타나는 신통술과 초자연의 지배 능력으로 인간 세상에 다양한 방법으로 이로움을 주기 위해 소승에게 와계신다는 것을 촛불 속 형상으로 증명하여 보여주시는 모습을 사진으로 촬영하였습니다.

입, 중앙에 동그란 여의주를 물고 있고 중생들의 길흉 화목에서 상승으로 행운과 길조의 기운을 북돋아 줍니다.

경전에도 신성하고 존귀한 존재로 부처님께서 중생들의 가르침으로 쓰여있습니다.

용은 자연현상을 지배하는 신비한 능력으로 바람과 구름을 모아 여의주를 입에 물고 하늘로 승천하는 불가사의한 능력과 신비로움을 갖추고 있습니다.

용은 권위와 힘, 안정과 평화를 상징하며, 한국 전통 전설적 신화로 강력하고, 신령스러운 존재로서, 중생들에게 다양한 상승의 기운을 북돋아 주십니다.

거룩하고 불가사의한 영적인 힘으로 중생들의 재물복과 안정된 생활을 위해 자비를 내시는 불가사의한 힘과 능력을 갖추신 용왕대신입니다.

용은 인간 세상의 최상승 힘을 상징하는
임금님 용포 의상이 있고
용의 몸을 형성하고 있는 아홉 가지의 특성은
뿔은 사슴뿔
머리는 낙타
눈은 악마의 눈
목은 뱀의 몸
배는 조개
비늘은 잉어 비늘
발톱은 독수리 발톱
발바닥은 호랑이 발바닥
귀는 소의 귀 모습으로 갖추고
신비스러운 조화술과 신통술로, 중생들의 상승 기운을 북돋아 줍니다.

## 40. 복, 두꺼비 보살

위의 사진은 인간에게 재물복을 주는 복두꺼비 불보살입니다.

복두꺼비는 동양 문화와 종교에서 재물이 풍부한 부자와 풍요, 행운을 나타내는 상징으로 존재합니다.

복두꺼비는 중국 역사 천자문에도 부자와 길조를 나타내는 "이천 두꺼비처럼 부자로 운 아들이 태어난다."라는 의미를 담고 있는 천자문 구절이 있습니다.

해당 구절은 두꺼비가 부자와 길조를 상징하는데 이를 통해 부자로 태어난 아들이 두꺼비처럼 행운이 있음을 의미합니다.

복두꺼비는 재물복과 부자와 풍요, 길조와 장수를 상징하며, 특히 독특한 움직임과 외모에서 느끼는 풍요로움과 풍부함에 영적인 큰 힘과 신통력이 있다는 믿음이 있습니다.

두꺼비의 물속 능숙한 생활은 풍부한 자원을 나타내고, 땅을 파고 지은 두꺼비 집은 헌 집에서 새집으로 풍요와 부자를 상징합니다.

복두꺼비는 인간에게 재물과 행운을 가져다준다는 신앙적 믿음이 있으며. 사진 속 복두꺼비 불보살님께서 소승에게 와계신다는 촛불 속에서 증명하는 형상을 사진으로 촬영했습니다.

복두꺼비 불보살은 중생들에게 다양한 복을 주는 신령스럽고 신성한 존재입니다.

둥글둥글한 몸, 크게 부풀어 오른 두꺼비눈, 부자와 풍류, 행운을 상징하며 때로는 인간으로 변화하는 영적인 신통술로 불교와 민간신앙에서 새로운 변화와 시작을 뜻합니다.

복두꺼비 불보살님은 중생들의 재물복에 대한 소원을 이루어 주는 인간적 모습의 속성을 갖추고 두꺼비가 기어가는 것 같이 엎드려 기어가는 모습을 촛불 속 형상으로 보여주는 메시지입니다.

복, 두꺼비는 우리나라 불교뿐만 아니라, 동양 문화에서 부자와 행운을 상징하며, 부와 행운이 들어온다는 예시이므로 풍부한 재물과 복을 상징하는 아이콘입니다.

복두꺼비의 재물복·변생·재탄생, 풍요와 행운, 새로운 시작을 예시하며, 풍요로움과 상승을 뜻하는 불보살님입니다.

## 41. 귀신의 왕 무독 귀왕

위의 사진은 지옥문을 지키고 있는, 귀신의 왕 무독 귀왕입니다.
양쪽 귀는 머리 위로 뻗어 있고, 입 모양과 얼굴은 멍멍이로 표현하고 있습니다.

무독귀왕 님은 전생에 멍멍이(dog)였는데 수행으로 성불하여 지옥 중생을 구제하시는 지장보살 님을 호위하는 좌부처 호명 보살, 우부처 무독귀왕으로 지장보살 님 우측을 호위하시며, 지옥문을 지키는 수호신 귀신의 왕입니다.

중생이 몸 가지고 살다가 타고난 수명을 다하고 죽으면 업장이 두텁고 무거운 죄가 있어, 지옥을 지나갈 때 자신이 살아왔던 삶의 도리와 함께 업장으로 인한 선과 악에 대해 평가받습니다.

지옥문을 지나갈 때 몸 가지고 살아온 결과에 의한 죄가 있으면, 자신의 업장으로 악, 도에 떨어진다는 가르침 지장보살본원경 서쪽으로 십만 억겁을 지나 불국토가 있는데 거기에는 철 이산에는 지옥이 있어로 경전에 부처님 가르침으로 쓰여 있습니다.

그중에서 무간 지옥문을 지키는 무독귀왕은 그 문을 통과하려는 죄수들이 지옥에서 받아야 할 형벌을 경감시켜 주는 역할도 하십니다,

무독의 뜻은 부처님 자비와 같이 독 없음의 표현입니다.

지옥 중생들에게 고통을 주지 않는다는 뜻이며, 불교의 관용과 자비로움을 상징하며, 지장보살 님을 보좌하며, 지옥 중생들의 업장을 소멸하고 인간 몸 받아 다시 태어날 수 있게 회복과 재생의 기회를 주시는 분입니다.

무독귀왕 님은 빙의(귀신)들이 사람 몸에 들어와 있는 귀신이 있으면, 업장 소멸 퇴마 수행으로 업장을 소멸해 주고 고통과 죄악을 경감 해주시는 분이십니다.

무독귀왕 님은 지옥 중생들의 구원과 회복을 나타내는 중요한 존재로 다음 생에 어떠한 변화의 생명으로 다시 태어나게 하는 결정을 도와줍니다.

또 사람 몸에 빙의(귀신)가 들어 있는 상태에서 빙의 퇴마 수행에 협조하면, 그 공덕으로 귀신의 업장까

지 소멸하여 인간 몸 받을 수 있는 행운이 있습니다.
업장 소멸 수행은 몸 가지고 살아오는 동안, 자신도 모르게 만들어진 무겁고 두꺼운 업장을 소멸하고, 다음 세상 지금보다 더 좋은 인간 몸 받아 더 좋은 환경에서 행복하게 살아갈 수 있는 현생에서부터 미래 생으로 농사짓는 수행입니다.

사람 몸에 들어 있는 빙의가 업장 소멸 수행을 방해하면, 불법을 어지럽히는 엄중함으로 무독귀왕에게 무간지옥으로 붙잡혀 가 세세생생 환생하지 못하는 불법의 엄중함이 있습니다.

불교에서 말하는 지옥 중생들의 죄와 악행의 결과에서 벗어나는 과정을 나타내기 위한 기회로 볼 때, 지옥 중생을 구제하는 무독귀왕의 역할이 큽니다.

중생들도 인간 몸 가지고 있을 때 수행으로 업장(죄)을 삭제하면 삼악도는 가지 않고 지금 살아온 몸보다 더 좋은 인간 몸 받을 수 있습니다.
죄 없고 공과 덕이 있으면 세세생생 복덕을 누리는 인간 몸, 받아 행복한 삶으로 살아갑니다.

**42. 천명, 천운, 천기,**

**천명(天命):** 하늘의 뜻을 말하며, 하늘에서 주는 운명이라는 뜻에서 인간의 수명이 하늘의 뜻에 따라 결정된다는 의미이며, 수명장수와 단명을 의미합니다.

인간의 복중에서 제일 큰 복은 수명입니다. 재물이 많아도 수명이 없으면 아무런 의미가 없습니다.

가난하게 사는데 명은 길어 사는 것이 어렵다, 그런 말을 하지 말고 몸 가지고 있을 때 수행으로 죄 닦고 복 지으면, 마음도 평화롭고 하는 일은 잘 되고 넉넉하게 살아갑니다.

**천운(天運):** 천은 하늘을 의미하며 운은 인간의 운을 말합니다. 천운은 하늘에서 주는 운으로 하늘에서 받는 길조와 행운을 뜻합니다. 이는 주로 인간의 운명, 운세와 연결되어 개인의 운을 나타내며 천운은 하늘에서 내려 준다는 의미를 가집니다.

**천기(天氣)**: 하늘에서 받는 성스러운 기운, 우주에서 받는 기와 운이 인간이 얻는 행운이나 축복, 개인의 운명에 영향을 미치며, 하늘의 기운이 인간의 건강·행운·축복 등 다양한 상호작용에 의한 주변의 환경과 더불어 인간의 삶 길흉화복의 영향을 미칩니다.

인간의 복은 하늘에서 받고, 복이 일어나는 발복은 땅의 혈맥, 명당, 사업장 토지, 주거하는 토지에서 일어납니다. 복이 실현되는 곳은 우주와 자연과 인간의 상호작용으로 인간들 사이에서 실현됩니다.

## 43. 업장소멸 수행 체험 수기

경기도에서 음식점 운영 중인 오, 보살님은 영업 부진으로 어려움을 겪던 중, 업장 소멸수행 시작하였습니다.
보살님이 수행을 통해 어려움에서 벗어나 사업이 번창해 가는 과정과 여러 차례 수행 상담 내용을 사례로써 이 책에 옮겼습니다.

스님: 보살님, 지금 장소에서 영업하며 수행하게 된 동기에서부터 어려움을 해결하는 과정을 말씀해 주시면 됩니다.

수행자: 저는 코로나가 생기기 1년 전에 대전에서 살고 있었어요. 여기 안성에 장사하기 괜찮은 장소가 있는데 여기 와서 장사해 볼 생각 있냐고 지인한테 연락이 왔어요. 그 말 듣고 여기 와서 둘러보니까 괜찮을 것 같다는 생각이 들어서 계약하고 여기 와서 장사하고 있었어요.

스님: 여기 오셔서 장사하신 지는 얼마나 되셨고 수행하면서 그동안 가정이나 주변 상황이 변화해 가는 과정을 말씀해 줄 수 있나요?
수행자: 네. 여기 안성에 와서 장사한 지는 3년 되어가고 있고 스님 만난 지가 1년 정도 됐네요. 스님

만나기 2년 동안에는 장사도 안되고 가족 간에 화합도 안 되고 마치 실뭉치가 엉켜있는 것처럼 앞이 안 보일 정도로 사는 것이 무척 힘들 때였어요. 어느 날 언니가 업장 소멸 수행하고 있기에 저도 한번 해본다고 해서 따라 하게 되었지요.

스님: 스님이 보살님 집에 처음 방문했을 때 느낀 점은 여기서 지내오는 동안 매우 힘들었겠다는 생각이 들었어요.
스님이 이렇게 말하면 모르는 사람은 주변 상황이나 장사하고 있는 토지에 대한 터를 탓하는데 그것은 차후 문제입니다. 어느 곳이든 생활하고 있는 사람이 밝으면 주위의 모든 상황이 밝아지고 어두우면 어두워지는 것입니다.

그러니까 사람한테 문제가 있다고 말하는 것입니다. 아무리 좋은 행운을 만났어도 자신이 자격을 갖추지 않았다면, 그러한 행운은 오래가지 않고 결국엔 주변 환경은 자기 수준으로 돌아갑니다.

수행자: 스님이 그런 말씀 하시니까 생각나는 것이 있는데요. 저의 동생이 전국 풍수적 명당이나, 왕릉 같은데 또는 역사적으로 큰 인물 나온 묫자리 찾아다니며 수맥 연구하는 동호회 활동하는 남동생이 있

는데요. 제 남동생이 누나가 장사가 안된다는 말을 듣고 집터를 봐야 한다고 수맥 탐사봉 가지고 가게 이곳저곳 돌아보니까, 탐사봉이 휙휙 돌아가요.
그것이 돌아가면 수맥이 있어 그렇다고 하고 여기 가게 터가 음지 귀신들 만남의 광장 귀곡 산장이라고 해요. 안 그래도 저 혼자 집에 있으면 무서웠고 어느 날엔 낮에도 뭐가 휙 지나가는 것 같기도 하고 낮에도 여기 혼자 있으면 무서웠어요.

스님: 제가 보살님 집에 처음 갔을 때, 잠시 앉아있어 보니 귀곡 산장 맞아요. 귀신들 놀이터였더라고요. 그런 음기가 많이 있는 집터에서, 기력 낮은 평범한 사람들이 생활하거나, 사업이나 영업을 하면 어려움이 생기고 가족 간에 화합도 안 되고 소란스럽고 가정에 우환이나 액란이 따릅니다.

사람한테 어두움이 있어, 귀신들이나 음기가 모여들어 토지 터가 점차 적으로 더 심하게 음지로 변화해 가는 것입니다. 여기처럼 집터가 음지이거나 사람 몸에 귀신이 들어있는 몸도 처음 수행 시작하면 수행자가 기력이 약한 줄 귀신같이 알고 어떤 식으로든 귀신들이 수행을 방해합니다.

그럴 때는 수행자가 힘드니까 수행자의 기력이 높아

질 때까지 당분간 일주일에 한두 번 팔불사에 와서 수행하고 가던가, 멀리 있어 못 오면 스님에게 전화하면서 목소리를 교환만 해도 귀신들은 방해 못 합니다.

수행자: 처음 수행 시작할 때 어느 날 갑자기 주위에서 이상한 냄새가 나기도 했었고 방이나 구석진 곳에 누군가가 있겠다는 두려운 생각이 순간 들 때도 있었어요.
그때마다 스님에게 전화하라 하셔서 이상한 느낌이 들면 전화 드리고 통화하면 바로 이상한 현상이 없어지고 조용해져요.

수행 처음 시작했을 때라 모르는 것도 있었고 지금 생각해 보니, 그때가 힘들었다는 생각이 들어요. 지금은 집터가 환하게 밝아졌고 스님 말씀대로 기력이 높아졌는지 혼자 있어도 무섭거나 두려운 생각은 안 들어요.

스님: 수행 초기 그때는 보살님 기력이 약했고 지금은 보살님이 수행한 지 1년 되었으니까 도력이 높아져서 스스로 힘으로 귀신들을 제압하니 무섭거나 두려운 생각이 안 드는 것입니다.

업장 소멸 수행을 처음 시작하면 귀신들 입장에서는 사람 몸에 들어있던 곳에서 나가야 하니까 몸이란 집 빼앗기고 노숙자 되니까 귀신들 입장에서는 비상 걸리는 겁니다.

수행자: 지난번 집에 있는 귀신들을 집에서 내보내는 방법 스님께서 일러주신 대로한 후에, 집안에는 없어지고 깨끗해졌다고 생각하고 있었는데 어느 날 집 뒤편 창고에 보일러실이 있어요. 창고에 뭘 가지려 창고 문을 여니까 귀신들이 거기 숨어 있다가 후다닥 우르르 튀어 나가는 거예요.
마치 TV에서 산돼지가 이동할 때 줄 서서 가는 것처럼 쭈---욱 도망가는 거예요.
그때 제 생각이 이것들이 보일러실에 숨어 있다가 들켜서 우르르 도망가는구나 그런 생각이 들면서 웃음이 나요.

스님: 귀신들이 방에서 쫓아내니까 창고에 숨어 있다가 들켜서 도망가는 겁니다. 여기는 집터가 음기이기도 하지만, 살생한다든가 집안에서 큰소리가 나면 그런 어두운 기운 타고 귀신들이 들어옵니다.

수행자: 제가 여기 와서 얼마 안 돼 코로나가 발생했어요. 다른 사람들도 저와 같이 코로나로 힘들기

도 했겠지만, 제가 실력이 없었는지 영업이 잘 안돼 힘들었고 모든 것이 어려웠어요.
그때는 제가 어떻게 할 수 있는 선택의 여지가 없을 정도로 어려웠을 때였어요. 그때 언니가 팔불사 업장 소멸 수행하면 장사도 잘되고, 부처님 가피는 누구든 다 받는다고 소개를 받고 스님도 그렇게 말씀하셔서, 솔직히 말해서 저도 부처님 가피도 받고 어려움에서 벗어나 보려고 수행 1년 했는데 지금은 어렵고 힘들다는 생각은 안 들고 이대로만 가면 괜찮겠다는 자신감이 들어요. 지금 스님하고 대화하면서 그때 생각하니 눈물 나오려고 하네요.

스님: 사업하시거나 자영업 하시는 분들, 코로나 때문에 많이 힘들고, 어려움 겪느라 고생 많이 하셨습니다. 스님이 보살 님 집에 처음 갔을 때 걱정이 좀 들더라고요.
수행한다고 하니 잘 풀리게 해줘야 하는 그런 마음으로 가서 보니 동·서·남·북 사방이 캄캄하고 집터가 상당히 어두운 기운으로 가득 차 있는 음지였어요.
앉아서 10분쯤 수행하니 음산했던 집터에 영적인 햇빛이 환하게 들어오고 토지가 캄캄한 음지에서, 밝은 양지로 바뀌면서, 가게가 환하게 변하는 것을 보고 스님이 그날 보살님에게 말하기를 이 집은 내일부터 영업이 잘될 것이다.

그렇게 말했죠?

수행자: 네, 저도 스님이 저의 집에 오신 날 집터가 환하게 변하는 걸 느낌으로 저도 알았어요. 스님이 앉아 계시고 조금 있다가 집안이 환해지면서 맑고 밝아진다는 것을 그날 제가 느꼈어요.
그 이후에는 두려움도 없어졌고 혼자 있어도 무서운 것도 없어졌고 굉장히 밝고 환해졌어요.
무섭거나 두려운 그런 것은 많이 없어졌고 갈수록 자신감이 생기는 것 같아요.

스님: 보살님이 수행도 열심히 하시고 불심도 깊고 다른 수행자보다 더 열심히 하는 편입니다.

수행자: 저는 1시간 먼저 일어나서 일하기 전에 수행 1시간 하고 낮에 시간 있을 때 1시간 하고 밤에 잠자기 전에 1시간 할 때도 있어요,
그러니까, 하루 2시간은 꼭 했고 잠자기 전에 또 하면 하루 3시간도 하는 날도 있어요.
수행 시작 처음에는 뭐가 보이거나 받은 것은 없었고 수행 시작 약 3개월 정도 될 때쯤, 집에서 눈을 감고 수행하는데 맞은편에 부처님께서 눈빛 시선으로 저를 바라보고 계셨어요.

스님: 보살님이 수행하고 계시는 자리 맞은편에서 부처님의 눈빛 시선으로 바라보고 계셨다는 말씀이세요?
수행자: 네, 제가 수행하는 곳은 영업집이라 조용하지는 않아요. 그래도 시간 있을 때마다 수행했어요. 부처님이 저의 마음을 아셨는지 직접 보여주셔서 신기하기도 하고 그다음부터 더 열심히 수행했어요.

스님: 부처님이 꿈속이나 수행 중에 친견해 주시는 것은 수행자가 잘하고 있다는 격려의 메시지이기도 하고 앞으로 보살님에게 어려움이 있다면, 부처님의 가피로 해결해 주신다는 응원에 메시지입니다.

수행자: 그때 부처님 친견하고 3일째 되는 날 밤에 수행 30분 정도 하고 있는데 앉아있는 양쪽 무릎 가운데 바닥에서 갑자기 요술램프 같은 형광빛 불덩이가 쫘-악 올라오는 거예요.
형광빛 불덩어리가 올라와서 내 몸을 감싸는 거예요. 저는 그런 것을 처음 봤어요. 지금 같아서는 눈을 감고 계속 느끼고 있을 건데 그땐 깜짝 놀라서 이거 뭐야?
하면서 눈을 딱 뜨고 바라보니, 아무것도 없는 거예요. 그 후 생각해 보니 부처님 친견해 주신 기억도 나고 그 형광빛이 부처님께서 주시는 빛이라는 생각이 들었고 계속 눈을 감고 느끼지 못한 아쉬운 생각이 들었어요.

스님: 보살님이 수행하는데 부처님이 눈빛으로 바라보셨고 그 후 수행하고 앉아있는 바닥에서 올라온 형광빛은 부처님이 주시는 빛 방광입니다.
부처님 가피는 사람 성품 따라 다양하게 여러 가지이지만, 발광의 가피는 현실적으로 아무리 어려움이 있어도, 지금 당장 해결된다는 뜻입니다.
불교는 빛이 최고입니다. 법당에 있는 탱화를 자세히 관찰하면, 벽지 불 머리 위 부채꼴로 빛을 형상화한 그림이 많이 있습니다.
불교의 가르침은 본래 면목, 불성, 참, 나로 가르치는데 내가 몸 없을 땐, 내 영혼이 빛입니다. 내 영혼이 맑으면 밝은 빛이고 흐리면 어두운 빛입니다.

스님: 보살님은 부처님 발광 가피 받은 후 어떤 변화가 있었나요?

수행자: 그런 일이 있고 난 뒤 영업 매출이 평소보다 2배 이상으로 올랐고 가족 간에도 깊은 대화를 나눌 수 있고 화목 해졌어요.
수행자: 또 부처님 친견한 후 수행 중에 또 부처님 손이 보였어요.

스님 : 어떻게 손을 봤습니까?

수행자: 손이 딱 보였는데, 손이 너무 고와서 여자 손인 줄 알았어요.
그런데 남자 손이라는 생각이 들면서, 그 손이 부처님 손이라는 생각이 들어요. 그러면서 조금 있으니까, 저쪽에 라면 박스 만한 큰 박스가 리본으로 포장된 채 택배로 도착해서 제 옆에 놓여있는 거예요. 그때 제가 스님한테 전화했잖아요. 그때 스님이 그 박스 안에 뭐가 들어있냐? 물어보셨어요.

그때는 박스 안에 뭐가 들어있는지 안 보여서 모르겠다고 스님한테 말하니, 스님이 그러면 다음에 뭐가 들어있는지 보여줄 거라고 말씀하셨어요. 그러고 다음 날 되니까 바로 보여주더라고요.
스님: 박스 안에 뭐가 들어있었습니까?

수행자: 박스 안에 5만 원짜리가 손가락 한 마디 정도 모자라게 박스 안에 꽉 차게 들어있어요. 은행에서 돈 인출 할 때 돈 묶음 채로 도장 찍어서 주잖아요? 그것하고 똑같이 포장해서 택배로 우리 집에 도착했어요.

스님: 박스는 어떤 박스입니까?

수행자: 옛날 라면 박스 큰 거 있잖아요. 큰 라면 박스요.

스님: 옛날 라면 박스 안에 손가락 한 마디 정도 안 되게 5만 원짜리 현금이 가득 들어있었다는 말이죠? 금액으로 하면 얼마 정도 되겠습니까?

수행자: 그 안에 들어있는 금액이 약 2억 정도 될 것 같다는 생각이 들었어요.

스님: 지금 영업하고 계시니까, 앞으로 영업도 활성화돼서 매출도 오르고 택배로 2억 원이 도착했으니 그 돈이 보살님에게 생긴다고 예지해 주시는 겁니다.
불법이 3천 년 가까이 이어 오는 동안 부처님은 부도수표를 남발하지 않습니다. 부처님은 약속은 정확히 지키시는 거룩하신 분입니다.

수행자: 또 수행하는데 하늘에 옛날 비료 포대가 3포대 쌓여 있어요. 그 안에 하얀색으로 뭔가가 들어있고요. 또 그 위에 스티로폼 박스가 10리터 정도 들어갈 수 있는 크기로 2개가 쌓여 있어요. 위에 박

스를 열어보니, 김이 모락모락 나는 떡이 있었고 비료 포대 안에는 쌀이 들어있었어요.
스님: 그러니까, 하늘에 비료 포대 3개에 쌀이 들어있었고, 위에는 스티로폼 박스 안에는 김이 모락모락 나는 떡이 있었다는 말씀이죠?
쌀과 떡은 보살님이 수행으로 복 지어서 하늘에서 받은 천상의 의·식·주 재물 복입니다. 김이 모락모락 나는 것은 현실에서 바로 이루어진다는 예지입니다. 천상의 3포대는 인간 세상과는 다른 계산법이니 3포대는 3생 동안 의식주 가피 받은 것이며, 업장 소멸 수행만 해도 추구하는 목표를 성취하고 복이 자동으로 지어지는 수행입니다.

수행자: 수행하는데 갑자기 추수한 논에 알곡은 추수했는데 지푸라기는 논바닥에 그대로 널려 있어요. 논이 끝이 안 보일 정도로 크고 끝이 안 보여요. 그 많은 것을 제가 추수한 거래요. 그것을 보는 나는 고개를 끄덕끄덕하면서 좋아하고 있는 거예요.
제 마음이 뿌듯해하는 거예요. 그러면서도 내가 이거 뭐지 하는데 스님이 오셔서 이게 다 제 것이라고 말씀하셔요.

스님: 스님이 해석하면 보살님은 수행해서 부처님의 가피와 의식주 재물 복을 받았어요. 고개를 끄덕, 끄

덕하는 여유로운 모습으로 앞으로는 어려움 없이 여유롭게 살아간다고 알려 주시는 겁니다.
스님: 보살님이 수행 처음 시작할 때만 해도 생활이 상당히 어려웠던 것으로 알고 있었는데 지금은 사정이 어떻습니까?

수행자: 그때는 정말 너무너무 어려웠었어요.
지금 그때 생각하니까, 또 눈물 나오려고 하네요. 그때는 너무 어려우니까, 부처님 저 좀 살려주세요. 큰 소리로 부르니까, 제 가슴까지 올라오더라고요.

스님: 보살님이 수행하시면서 절실하기는 했네요.

수행자: 부처님하고 크게 소리를 지르니까.
어느 날 부처님이 제 옆에서 계시면서 앞 전면 방향쪽을 바라보면서 계시고, 스님이 저를 기준으로 부처님 맞은편에 서서 계셨었어요. 그러니까, 부처님하고 스님하고 마주 보고 계시는 모습이고 저는 가운데 앉아있었고요.

스님: 스님이라면 나를 말하는 건가요?

수행자: 네, 스님은 제 앞에서 계셨었어요.
스님이 말씀은 안 하지만, 부처님이 스님에게 어떠

한 이야기하는 것 같았어요. 스님이 부처님을 바라보면서 알았다고 고개를 끄덕끄덕하고 계시더라고요. 제 생각에 부처님이 스님한테 뭔가 말씀하시는데, 스님은 알았다고 고개를 끄덕끄덕하시는 것 같았어요.

스님: 보살님은 스님이 부처님과 의사소통한다는 생각이 들고 그것을 보았다는 말씀인가요?
얼마 전에는 부처님의 눈빛 시선으로 보살님을 바라보고만 있었다고 말씀하셨는데, 이번에는 부처님께서 스님에게 무엇인가 말씀하시고 제가 알았다고 고개를 끄덕끄덕했다면, 그것은 부처님이 스님에게 지시하시는 것을 스님이 알았다고 하는 것입니다.

스님이 수행자로서 도덕적이고, 정신적인 가치를 부처님이 직접 확인하거나, 인정받았다는 것으로 해석될 수 있습니다.
이는 스님이 부처님의 가르침을 따르고, 그 가르침을 올바르게 이해하며, 실천했다는 것을 나타낼 수 있습니다.
보살님과 부처님과 의사소통은 안 되고. 보살님하고 스님하고는 의사소통이 되잖아요,

수행자: 네, 부처님이 스님에게 어떤 말씀을 하시는

것 같았고요. 스님은 알았다고 고개를 끄덕끄덕하시는 것 같았어요,
스님: 그것은 스님은 부처님의 지시를 받는 수행자라는 것을 부처님이 보살님에게 증명으로 알려 주시는 겁니다. 이는 스님이 올바른 수행자로서 자질을 갖추고 부처님의 가르침을 따른다는 의미도 담고 있습니다.

수행자: 제가 장사 잘못한 핑계일 수도 있지만, 코로나로 많이 어렵고 힘든 시간이었는데 업장 소멸 수행하면서 위안도 되었고 장사도 활성화가 잘 되고 가족 간에 깊은 대화를 나눌 수 있고 대화하는 과정에서 서로 부딪히지 않으니, 가정 분위기가 화목해졌어요.

수행 처음 시작할 때 뭐가 뭔지도 모르고 부처님만 생각하면서 수행했어요. 예상하지 못했던 부처님과 재물복이 꿈에서 또는 수행 중에도 현실적으로 보여 주시니까, 신기하기도 했고 수행하기가 힘들지가 않았어요. 그러면서 어려웠던 일들이 하나둘씩 해결되니까, 부처님께 감사한 마음입니다.

* 경기도 사시는 김 보살님 저는 업장 소멸 수행을 2년째 하고 있습니다.

제 딸은 아이를 갖고 싶어 합니다. 하지만 결혼한 지 3년 가까이 되었음에도 임신 소식이 들리지 않아, 스님께 여쭈었지요. 그때, 스님께서 수행에 참고할 수행문을 주셨어요.
어느 날 수행 시작 30분 정도 되는데 부처님께서 친정어머니인 제 손바닥에 참새 한 마리를 올려주시는 거예요.

스님에게 이야기했더니, 참새는 자유·평화·희망을 상징하는 의미를 지닌다고 말씀하시면서 좋은 소식이 있겠다는 말씀과 임신을 바라는 예비 엄마가 남아를 원하나, 여아를 원하나, 물어보셨을 때, 딸 아기를 바라는 것 같다고 말씀드렸습니다.
스님께서 하시는 말씀이 부처님이 여자아기로 점지해 주셨다고 하시며, 앞으로 그 참새가 커질 겁니다. 그 참새가 커지는 모습을 보살님에게 보여줄 거라고 말씀하셨습니다.

그런데 제 생각으로는 참새가 어떻게 클 수 있는지? 제가 참새가 성장하는 모습을 어떻게 알 수 있는지? 스님 말씀대로 그런 일이 가능한지?
의문이 꼬리를 물었지요. 그 당시 저는 이해가 안 되었어요. 그 후, 1달 정도 지나서 우리 딸에게서 임신 소식이 들려왔습니다.

임신 3개월 정기검진 과정에서 여자아이라고 의사 선생님이 말씀해 주셨다고 저에게 전화가 왔어요.

임신 5개월쯤 되었을 무렵 수행 중이었는데 우리나라에 토종 새로 보이고 크기는 전에 보았던 참새보다 조금 더 커 보였어요. 철새는 아니고 토종 새로 보이는 딱따구리 크기만 한 새가 저의 시골집과 울타리를 반경으로 주위에서 날아다니며 서식하고 살고 있어요.
그 새를 보는 순간 전에 부처님이 주셨던 참새가 지금 보이는 새만큼 커졌겠단 생각이 들었어요.
그 후 딸이 임신 7개월 정도 되었을 무렵, 꿈속에서 날씨는 화창하고 따스한 날 비둘기가 모이를 열심히 쪼아먹고 있는 꿈을 꾸고 스님한테 여쭈었더니, 참새가 딱따구리에서 비둘기로 성장한 모습을 보여주는 거라 말씀하셨어요.

처음에 스님께서 참새가 커가는 모습을 보여줄 거라고 말씀하셨지만, 스님 말씀대로 가능할까? 될 수 있을까? 의문이 생기기도 했었고 기대가 되기도 했어요.
저는 스님 만나기 전에도 부처님이 좋아서 미약하나마 공부도 조금씩 하고 기도도 했었는데 참새가 커가는 모습을 보여준다는 말씀이 제 생각으로는 그런 것도 가능한지…….
상상이 안 되는 일이었습니다.
임신 9개월쯤 그때도 수행 중이었는데 비둘기가 먹이를 열심히 쪼아먹던 모습에서 꿩으로 커진 모습을 보았습니다.
그 꿩이 가지고 있는 기존 색에서 다른 하얀색을 띠면서 화려하게 바뀌는 것이 보였어요.
임신 10개월쯤 되었을 무렵 출산 예정일은 다 됐는데 출산 기미는 안 보이고 갑갑하던 중 꿈에서 어떤 아이가 문밖에서 문 열어 달라 현관문을 두들기며 흔들어요.
그때 저는 답답하기도 하고 예정일 넘기면 출산하기 힘들 거 같다는 생각이 들어서, 스님한테 전화해서 여쭈었더니 부처님이 주신 생명이니까, 아기가 좋은 날 택일해서 세상에 나오려고 하는 거니, 급하게 생각하지 말라는 말씀하셨어요. 스님하고 통화하고 3일 후에 딸아이를 낳았습니다.

우리 가족에게 외손녀가 생긴 기쁨은 말로 표현할 수 없을 정도로 기쁜 일이었어요.
출산하고 아기는 무럭무럭 잘 자라고 있는데 태어나서 200일쯤 되었을 거예요.
꿈에서 큰 강당이 보이고 미스 코리아 선발대회 행사장 단상 위에 드레스 입은 여자 3명이 서 있는데 부처님이 손가락으로 가운데 여자를 가리키면서 '이 아이다.' 하시는 거예요.
저의 생각에는 미스 코리아 선발대회 진, 선, 미 중에서 가운데는 진인데 우리 아이가 진이라는 생각이 들었어요.
부처님이 나타나셔서 직접 손으로 가리키면서 '이 아이다.' 하시는 말씀은 중요한 의미와 가치가 있다는 생각이 들었습니다.

참새로 태몽 꿈꾸었을 때와 그 참새가 더 큰 새로 성장하는 모습 보여주는 것 등 연관 지어 생각해 보면 단순한 상징적인 의미가 아니라, 실제로 현실에서 일어나는 것을 체험하고부터는 부처님의 위대함을 존경하면서 저는 계속 수행하고 있어요. 앞으로도 계속 수행할 예정이고요.

또 수행 중에 공중에 글씨가 떠다니는데 처음에는 무슨 뜻인지 몰라서 스님께 여쭤보니, 그것은 부처님이 메시지를 주시려는 뜻이며, 수행 계속하면 뭐가 있을 거라는 말씀 듣고 계속 수행하던 중 소희라는 이름이었어요.

아기가 탄생하고 시부모님께서 이름을 지어주셨는데 아기 엄마가 된 딸은 어떤 이름으로 정해야 하는지

고민하는 것 같아 스님한테 여쭈어보니, 시부모님이 정해준 이름으로 짓고 외할머니가 부처님으로 받은 이름은 아기 엄마가 보관하고 있다가, 아이가 성인되면 본인이 선택할 수 있게 아기엄마가 보관하면 된다고 말씀하셨어요.
딸이 결혼 후 남편은 아이를 원하는데 결혼한 지 3년 돼가는데 임신을 안 하니, 딸이 혼자 긴장했는지 엄마가 수행 한번 해 보라고 가볍게 말하니, 쉽게 따라 했어요.
아기엄마 될 사람도 임신하기 3개월 전부터 수행했고 임신 중에 태교로 수행을 해서 그런지 아기 키우기가 편하다고 해요.
제가 보기에도 아기를 쉽게 키우는 것 같이 보입니다,

부처님이 주신 생명 감사하고요.
앞으로 그 새가 커가는 모습 보여주실 거라는 스님 말씀처럼 처음에는 작은 참새가 딱따구리, 비둘기, 꿩으로 커가는 모습을 보여주셨고 스님께서 말씀하시길 부처님의 가피로 미스코리아 진까지는 받았고, 우리나라를 대표하는 미스코리아 진이 세계에 꿈을 펼치려면 꿩이 날개를 펼쳐야 한다.

날개를 펼치게 하려면 부모들도 수행하면 수행의 공

덕으로 아이의 앞날이 열리고 성장해서 나라를 위한 국위도 선양하고 자신의 꿈을 넓게 펼칠 수 있다고 말씀하셔서 아기엄마도 수행합니다.

스님 격려의 말씀을 요약하면 부모님 가르침 수행은 가정에서의 긍정적인 에너지가 자녀들에게 큰 영향을 미치며, 자녀들은 부모님의 모범을 보고 성장하며, 부모님의 지지와 가르침을 통해 자신의 꿈을 추구하고 이루어 나갈 수 있는 동기부여가 된다는 말씀이십니다.
특히 수행과 같은 정신적인 실천은 자녀들이나 가족에게 긍정적인 영향을 주는 요소 중 하나인 것 같습니다.

제가 경험해 본 수행은 가정에서 긍정적인 분위기와 자녀들의 꿈을 향한 부모님의 지지는 자녀들의 자긍심과 목표를 향한 가치를 부모님께서 직접 실천으로 전달함으로써, 자녀들의 열정도 지지하고 격려하는 역할도 될 것 같다는 생각이 듭니다.

수행하는 부모로써 자녀에 대한 지원으로 노력과 열정이 결합 되어, 차분한 침착성과 여유가 있는 온화함, 자녀들이 꿈을 실현해 나가는 과정에서 보다 효과적일 것이라는 기대와 정서적 안정과 성장에 도움이 되겠다는 생각도 듭니다.
*서울에 살고 있는 김 보살님, 결혼 생활 35년 째, 부부간의 사이가 극도로 안 좋은 상황에서 업장 소멸 수행으로 치유하고 가정 화목 되어가는 과정을 책으로 옮긴 사례입니다.

스님: 보살님 수행하는 것 보고 남편분 뭐라고 하시는 말씀 있으세요?

수행자: 우리 부부는 호적상 부부이지, 각 방 쓴 지가 10년 넘었고 하루 종일 집에 같이 있어도 말 안 하고 살아요. 나는 나, 너는 너. 이렇게 살아요.

스님: 그럼 애경사나 부부와 같이 가야 할 행사 있을 때와 식사는 어떻게 하나요?

수행자: 같이 갈 일 있을 때는 따로따로 가서 도착해서 만나고 먹는 거는 나는 내 방에서 먹고 남편은 제가 차려 놓으면, 자기가 가져다 먹거나, 딸이 가져다줘요.

스님: 남편분에 대해서는 말씀하셨고 자녀분들과 대화나 의사소통하는 데는 괜찮으세요?
수행자: 제가 딸이 둘인데 지금은 졸업하고 직장 다

니고 있어요.
엄마가 업장 소멸 수행한다고 하니, 딸들이 엄마 그거 한번 해 보라고 안 하면 왜 안 하냐? 물어봐요.
그러면 제가 조금 있다 할 거야 이렇게 말해요.
친정 언니도 수행한다니까, 잘됐다, 한번 해 보라고 주위에서 그렇게 말하니, 이것 꼭 해야 한다는 책임감이 들어요.

스님: 보살님이 수행한다니까, 주위에서 응원해 주는 것은 가족이나, 친척들이 보살님 배려하는 마음으로 격려하고 응원하는 뜻입니다.
가족이나 주위 사람들 관심에서 멀어지면, 자신은 늙어갈수록 사람이 그립고 외로워집니다.
계속 수행하시면 남편과 가족 간에 화합은 쉽게 이루어지고 나를 교정하거나 마음 돌려놓는 것은 의학이나 과학으로 할 수 있는 것이 아니며 업장 소멸 수행이 제일 빠릅니다.

수행자: 남편에 대한 미움은 끝까지 안 변할 것 같아요. 어쩌다 말이라도 오갈 때는 저 사람은 어쩌면 저렇게 말을 할까?
그런 원망과 미운 생각으로 저의 반응은 뭐, 어쨌는데? 어쩌라고? 아- 몰라! 이런 말이 먼저 나와요.

스님: 결혼생활 3십 년 넘으면, 부부간 갈등의 골이 깊어 상처만 가지고 있어, 자신을 포기하는 마음으로 살아가시는 분들이 더러 있어요.

그분들도 행복하게 살아 보려고 노력 안 해봤겠습니까? 노력해 보셨겠지만, 시간이 지날수록 엉킨 실타래가 헝클어진 것 같이 더 복잡하게 문제는 더 커지고 두꺼워지는 쪽으로 계속 힘들게 살아갑니다.

그러나 수행하면 자신을 이해하는 마음으로부터 시작해서 상대를 이해하게 되고, 미워하는 마음, 원망하는 마음, 분노하는 마음, 무지함으로 만들어진 엉킨 실타래는 쉽게 풀립니다.

수행자: 제가 지인에게 돈 빌려줬는데 돌려받지 못하고 있어요. 매번 준다고는 하는데 계속 미루고 남편하고 빌려준 돈 때문에 다툰 적이 있어요.

스님: 빌려준 금액은 얼마나 됩니까?

수행자: 상당한 금액이고 3년 되었는데 아직 못 받고 있어요.
그 집 재산 상황을 제가 알기로는 부모님이 돌아가시면서, 유산 받은 집이 서울에 있는데 그 집 형제

간에 재산분할 소송을 하고 있어요.
스님: 보살님 수행하시면 그 돈은 쉽게 돌려받을 수 있습니다.
사람 마음 돌려놓는 것은 이 수행이 제일 빠릅니다.
돈 받는 것 걱정하지 마시고 수행하세요.

수행자: 수행하는 것 처음에는 쉽지는 않았었는데 가족들이 관심 가져 주고 안 하면 왜 안 하냐?
물어보니까,
실망 안 주려고 계속하니, 언제부터인가 수행하는 것이 편해졌어요.
수행을 마쳐야 그날 하루가 편하지, 수행 미루면 불안한 생각이 들어서 무조건 수행부터 끝내고 하루 시작합니다.

스님: 누구든 자신을 바꿀 필요가 없다고 생각하면 수행 안 해도 됩니다. 나를 바꿀 필요가 없고 이대로 행복하다고 생각하는 사람은 수행 안 해도 됩니다.
그러나 자신을 업그레이드하고 좀 더 나은 긍정적으로 행복하게 살아갈 생각이 있다면 수행이 제일 빠릅니다. 사람 몸 내면의 시스템을 바꾸는 것은 의학이나 과학은 거리가 멀고 수행 아니고는 다른 방법이 없습니다.

수행자: 스님 제가 수행한 지 4개월 됐는데 이제는 약간 이나마 마음이 편해지고 딸하고도 대화의 깊이도 깊어지는 것 같고 대화 횟수도 많아집니다.
그래서 평화를 저버릴 수 없다는 생각이 들어 수행 계속하려고 마음먹고 있어요.

스님: 네, 업장 소멸 수행 속에 생각 외로 다양하게 부처님 가피가 많이 들어있어요.
조용히 앉아서 호흡만 해도 기적 같은 일이 생기고 보살님이 많은 시간 동안 열심히 수행해도 다른 사람에게 가는 것이 아니며, 부처님 가피는 자신이 한 만큼 자신에게 오는 것입니다.

수행 계속하시면 평소 절대로 바뀔 수 없다고 생각했던 남편을 바라보는 미움도 달라지고 상대방을 이해하는 마음이 생겨 가정에는 기적 같은 화합이 이루어지고 행복한 가정으로 바뀝니다.
자녀들도 엄마 아빠가 사이좋게 사시면, 자녀 얼굴에 환한 꽃이 피는 즐거운 일이지요.

수행자: 제가 수행을 알게 된 것은요.
애들 어렸을 때, 학교 엄마 모임이 있어요. 엄마들이 모임에 오면 서로 남편 흉도 보고 장단도 맞추고 하는데 어느 날 한 엄마가 흉을 안 보는 거예요.

궁금해서 제가 그 엄마에게 물어봤어요.
아니 자기는 우리가 남편 흉볼 때 앞장서서 보더니 요즘은 왜 그래? 신랑이 이뻐졌어?
그 엄마 하는 말이 자기는 수행인가 뭔가를 한대요.
그거 하고부터는 남편이 그렇게 안 보이더라고 말해요.
그래서 그것이 뭐냐고 어디냐고? 해서 수행 시작하게 되었어요, 수행하기 전에는 남편하고 골목에서 마주치면, 서로 못 본채 쌩-까고 지나가고 밥도 차려 주기는 해도 먹거나 말거나 신경 안 썼는데 지금은 그런 생각이 덜하고 맛있는 것 있으면 챙겨주고 싶은 마음이 약간씩 생겨요.

스님: 부부간에 미움이 쌓여 있어 화합이 절대로 안 될 것 같아도 수행하면 쉽게 화합합니다.
팔불사가 도심 상가에 있는 작은 법당이지만, 팔불사에는 밀려있는 숙제가 없다고 지난번 법회 때 스님이 법문했어요.

어떤 사람이 평생 살아오면서 밀려있는 숙제를 수행 며칠하고 한 번에 해결하려는 그런 욕심이 아니라면, 자기가 수행하는 만큼 변화하는 과정을 보여주고 모두 해결해 가는 수행입니다.

수행자: 이제 수행 6달째인데 어느 땐 내가 수행을 안 했으면 어떡할뻔했나. 내가 죽을 때까지 해야 하는가 보다 생각했어요.
어느 땐 둘째 딸이 엄마 수행했어?
아니 아직 못 했는데?
엄마 힘드니까, 얼른 밥 먹어.
이렇게 말해요.

스님: 수행하고, 안 하고는 본인이 선택하시면 됩니다.

하고 싶으면 하시고 하기 싫으면 안 하면 됩니다. 수행한다고 스님하고 계약서 쓴 것도 아니고 스님은 안내만 할 뿐이고, 단지 수행을 계속하면 자신에게 이로움이 더 크게 옵니다.

수행자: 며칠 전에는 애들 아빠가 방에서 담배를 피우면 냄새와 연기가 밖으로 나와요.
하-우 문을 발로 차고 싶은 정도로 화가 나서 짜증내니까.

딸이 엄마 수행한 거 맞아? 이래요.
엄마가 오전에 수행으로 도를 닦았는데 화를 내면 안 된다고 하니까 저도 자중하게 되더라고요.

스님: 보살님은 이제 수행 6달 정도지만, 자신이 조금씩 변화해 가는 것을 본인이 느낄 수 있잖아요. 그래도 지금까지 살아온 자기 습관이 있습니다. 자기도 모르게 마음에서 욱하고 올라오는 습관 그것 고치려고 수행하는 겁니다.

이 수행 안 했다면 지난날과 같이 화풀이하고 다투고 난리가 났을 거잖아요.
마음에서 올라오는 화, 습관, 욱하는 그것 삭제시키는 것이 수행입니다.

언제나 자신이 옳다는 생각으로 자기 몸 시스템으로 짜여있는 습관, 관념이 그 사람 성품이고 인성인데, 수행하면 자신을 업그레이드해서 지혜롭게 살아갈 수 있습니다.
자신의 성품, 관념, 습관, 인성을 수정하거나, 변화할 수 있는 방법은 업장 소멸 수행이 으뜸입니다.
사람 몸 시스템으로 짜여있는 성품, 인성을 교정하거나, 변화하기 어려운 것은 계속 전날에 이어서 오늘 또 내일로 이어지는 시스템으로 작동하기 때문에 자신의 단점이나 습관, 성품을 수정하고 교정해 볼 생각을 했어도 며칠 못 가고 과거의 습성으로 다시 돌아갑니다.

수행자: 남편과 사이가 안 좋아지기 시작한 지는 10년 정도 된 것 같아요.
그래도 그때는 밥 먹어요, 뭐, 이랬어요,? 저랬어요? 형식적인 말은 하면서 살아왔는데 상황이 더욱 악화한 지는 5년 전부터 그렇게 된 것 같아요.

수행하면서 생각해 보니까, 집에서든 동내에서 서로 마주치면 남편이 나를 쳐다본다고 생각하고 내가 먼저 고개를 돌렸어요.
그런 것 외에는 생활이 어려워서 하고 싶은 걸 못 하고 살았다든가 그런 건 없었어요.

남편이 능력이 없었으면 제가 이렇게도 못 살아간다는 것도 저도 알아요. 그런데 돈 빌려준 것이 잘못돼서 남편의 시선을 피하다 보니까, 내가 먼저 남편을 외면한 것 같아요.
수행하면서 저를 관찰하니, 남편 입장이 이해되는 부분도 있어요. 아-그때는 그럴 수도 있었겠구나 하는 이해가 되기도 해요.

스님: 보살님 말씀은 자신이 불리하면 억지 부리고 때 쓰고, 골목에서 마주칠 때, 시선 피한 것들, 수행으로 자신을 관찰하면, 누구의 원인제공인지 쉽게 알 수 있습니다.

보살님하고 처음 상담할 때는 자신의, 생각이 옳다는 생각으로 꽉 막혀있었는데 그래도 보살님이 이런 말을 한다는 것은 자신이 변화해 가고 있고 양심이 있다는 것입니다.

금전적인 부분에서도 보살님이 먼저 실수하고 양심적으로 남편 보기 면목 없어 하다가 조금 지나면 본인도 답답한 마음에서 배 째라는 심정으로 뭐? 어쩌라고, 몰라! 말도 안 되는 명분을 억지로 갖다 붙이면서 대들면 상대방은 대화가 안 되니까, 포기하고 담배만 피우겠지요.

수행자: 딸이 저에게 엄마는 다 좋은데 누가 돈 빌려달라면 빌려주고 못 받아서 힘들어하고 고생한다고 우리 엄마 단점은 그거라고 그런 말을 듣는데도 이런 일이 전에도 있었고 이번이 두 번째입니다.

스님: 그런 일이 반복으로 일어나는 현상은 자신의 마음을 조절할 힘이 미약해서 일어나는 현상입니다. 마음이 약한 그런 사람들 특징은 다양한 사람들과 소통이 적고 시야의 폭이 좁아, 자기 마음에 들면 올인합니다.

누구나 자기 마음속에 그어놓은 자기만의 마음의 선

이 있는데 그 선을 통과하면 상대방과 대화가 되고 자기 마음속의 선을 통과하지 못한 사람은 탈락하고 자기가 자신에게 속고 살아가다 보면, 결국에는 자기 혼자 외톨이가 되어있어요.
완벽한 사람은 없습니다. 누구라도 실수는 합니다. 그럴 때마다 탈락시키고 관계를 끊으면, 내 옆에는 아무도 없고 결국에는 자기 혼자 외로운 사람입니다.
가정에서 엄마가 사고를 치면, 가족이 피해를 보는데 아니다 싶으면 그때 끊었어야지, 마음의 강약 조절이 안 돼 한번 엮이면 계속 끌려가는 성품이니 수행하시면 마음의 힘이 커지고 자신의 마음 조절하는 능력이 강해집니다. 수행하시면 세상을 바라보는 시야의 폭도 넓어지고 부정에서 긍정으로 바뀝니다.

미운 남편도 좋은 남편으로 다시 보이게 되고, 보살님이 말하는 부부간의 갈등 해결하는 것은, 어려운 것이 아니며 쉽게 해결됩니다.

수행자: 우리 가족 셋이 아니, 저 인간하고 넷이 오순도순 가족애가 있는 밥이라도 먹을 수 있는 날이 있을는지!

스님: 보살님이 말하는 저 인간이란 사람은 남편을

말하는 것 같은데 남편에 대한 미움과 원망하는 마음이 절대로 안 바뀔 것 같지만, 수행 300시간 정도 하면 상대를 이해하는 마음으로 바뀌고 이해하면 인정하게 되고 인정하면 사랑하는 마음으로 바뀌고 가족들이 오순도순 식사하거나 나들이하는 날이 곧 올 것 같습니다.

수행자: 제가 스님에게 수행 상담받고부터 지금까지 수행 열심히 했어요. 지금 수행 시작 8개월 됐어요. 그전에는 남편이 밥을 먹든 말든 신경 안 썼다고 말했는데 요즈음은 맛있는 것도 해주고 싶고 평소 좋아하는 음식도 해주고 싶은 마음이 들어 시장 가서 남편 좋아하는 것 만들어 딸에게 아빠 이것 가져다 드리라고 말하면 딸이 엄마가 변했다고 생각해서 그러는지 은근히 옆 눈으로 쳐다봐요.

스님: 따님이 바라보는 것은 엄마가 잘하고 있으니 뿌듯한 마음으로 격려하고 응원하는 마음으로 바라보는 것입니다.
전번에 상담받으실 때는 절대로 바뀌지 않을 것 같았는데 자신이 바뀌는 것을 본인이 알아차리고 있어요.
수행하기 전에는 화가 나면 화를 내거나 참는 것밖에 없었고 참으면서 살아왔다면, 그동안 참아온 것이 한 번 터지면, 다투고 화내고 일이 터지고 난 뒤 후회하는데 수행하고부터는 마음에서 올라오는 화가 올라오는 순간, 내가 알아차려 자신을 조절하는 힘이 스스로 생깁니다.
머지않아 보살님 가족이 훈훈한 가족애로 다복하게 살아가실 날이 곧 오겠습니다.

수행자: 모든 문제가 남편에게 있다는 생각으로 살아왔는데 수행하면서 생각해 보니, 제가 남편을 이해하는 마음이 부족했다는 생각이 들었고 내 위주로 내 생각만 한 것 같다는 생각이 들면서 눈물이 나와서 펑펑 울었어요.

내가 어리석고 바보처럼 살아왔다는 생각이 들면서 한참을 울고 나니, 이제는 새롭게 살아갈 수 있다는 희망과 기쁨이 마음에서 올라오는 거예요.
이러다가 남편을 사랑한다는 말이 제 입에서 나올 것 같아요.
스님: 수행하시면서 점검도 잘 받으시고 수행 잘 해오셨어요. 원망스럽고 미웠던 남편이 아니라, 남편분은 항상 그 자리에 있었습니다.

자신의 어두운 마음으로 남편을 분별하며, 상처받고 상처 주며 살아오다가, 수행으로 어두움을 걷어 내고 이제는 남편분을 정상으로 보고 있는 것입니다. 눈물이 나왔다고 했는데 수행하면서 나오는 눈물은 자신이 살아오면서 억누르고 살아왔던 애환, 애증, 분노, 슬픔 등 다양한 아쉬움 등 내 몸 세포에 어두운 에너지가 눈물 덩어리로 뭉쳐 몸에서 나오는 것입니다.

수행자: 수행하면서 여러 가지 많은 생각이 나서 수행에 집중이 잘 안될 때가 있고, 또 어느 땐 잡생각이 덜 나 수행이 잘될 때가 있어요.
수행하는데 다른 것과 합해서 하면 안 될까요?

스님: 수행 중에 잡생각이 나는 것은 지극히 정상입니다. 잡생각도 번뇌 망상이니까, 계속 입으로 불어내면 가벼운 것은 쉽게 삭제되고 문제는 뼛속에 쓰인 글은 쉽게 지워지진 않지만 그것이 반복으로 올라 올 때마다, 계속 호흡으로 불어내면 바위가 모래로 바뀌어 쉽게 삭제되며, 수행할 때 다른 것과 혼합해서 하는 것은 수행자만 혼란스럽고 수행 효과는 덜 납니다.

수행자: 지금 수행 시작 9개월 됐어요. 스님에게 기쁜 소식 알리려 왔어요. 기쁜 소식은 금전 문제로 머리 아팠던 일이 해결됐어요.

스님: 금전 문제는 다 돌려받았나요?

수행자: 원금은 거의 돌려받고 조금 남아있는데 그것은 얼마 안 되니까 마음이 가벼워졌어요.

스님: 생각보다 쉽게 돌려받았군요. 사람 마음 돌려놓는 데는 불법 수행이 제일 빠릅니다.

수행자: 알고 보니 저하고만 돈 문제로 얽혀있었던 것이 아니라, 여러 사람하고 얽혀있었는데 다른 사람 몰래 제 돈 먼저 주면서 내 돈 갚은 건 아무한테도 말하지 말라고 다른 사람이 알면 난리 난다고 하면서 제 돈 먼저 줘서 받았습니다. 이제는 누가 돈 빌려 달라면 절대 안 빌려줄 거예요.

스님: 아직 보살님은 수행 계속 더하셔서 마음의 힘을 키워야 합니다. 마음의 힘이 커지면 당당함과 자부심이 생기고 자신을 조절할 수 있는 능력이 생겨 지혜롭게 살아가게 됩니다.

수행자: 남편하고도 서먹서먹하던 것이 많이 없어졌고 남편이 등산 가자고 해서 등산 같이 가기로 했어요. 수행은 하루도 안 빠지고 하고 있어요.

스님: 보살님과 처음 수행 상담할 때는 막혀있는 벽이나 바위하고 이야기하는 기분이었는데 수행 시작 1년도 안 돼 보살님과 가정에 기적 같은 개벽이 일어났습니다.

미워하던 남편도 이뻐 보이고 금전적인 문제도 해결되고 보살님만 문제가 빨리 해결되는 것이 아니라 수행하는 모든 사람들 추구하는 목표를 성취하는 수행입니다.
가정이나 편리한 공간에서 하루 1시간씩 앉아서 호흡만 하면 좋은 일이 의외로 많이 생기는 수행입니다.

*평소 건강한 신체를 유지하고 있는 35세 남성, 가끔 원인 모를 응급상황이 발생하여 응급실에 실려가 치료받는 상황이 종종 있었습니다.
어머니 권유로 팔 불사 업장 소멸 수행으로 건강 찾은 사례입니다.

여기에서 소개하는 수행자는 선천적으로 기력이 약한 편으로 태어났으나, 팔불사 업장 소멸 수행으로 정서적 기력이 약한 부분이 모두 보완되고 자신감·자부심·지구력이란 긍정적인 마음 힘을 갖고 건강 회복한 사례입니다.

수행 경력 3년 현재 다니고 있는 회사에서 같은 회사 다른 지역으로 승진 권유받은 수행자인 아들이 어머님과 함께 스님을 찾아 상담받은 내용입니다.
스님: 아들이 분당으로 직장 옮긴다는 말씀이군요.

수행자: 네, 가기로 했어요.
지금 있는 직장에서 분당으로 옮기면 어떻겠냐고 회사에서 제게 제안이 들어왔습니다.

스님: 스님이 보니까, 본인이 좋아서 가고 싶어 하는군.
수행자 어머니: 아들이 가고 싶은 마음이 생겼대요.

스님 : 본인이 자리 잡고 있던 직장에서 낯선 곳으로 옮겨가려면 본인은 뭐?
생각하는 것이 있을 거 아닌가?

수행자: 걱정되는 것은 없습니다.
그런데 여기서는 수입이 괜찮은데 거기 가면 당분간 수입이 줄어들 수가 있어요.

스님: 수입이 전부는 아니고 아직 젊은 사람이니, 열심히 살면서 경력을 쌓아놓으면 살아가면서 자신에 대한 인생 내공이 되지. 앞으로 인생의 꿈을 펼쳐야

할 사람이 돈 보고 쫓아다니는 그거는 아니야. 그렇지만 자신의 비전을 어떻게 가꾸어 나가느냐는 중요해. 그것이 더 큰 재산이 될 수가 있지.

수행자: 그래서 옮겨보려고 해요. 도전해 보고 싶은 마음도 있고 잘해보려는 마음도 있어요.

스님: 자신 있어?

수행자: 네, 자신감은 있죠!

스님: 자신감 가지고 될까?
무슨 자신이 그렇게 많이 있는데?

수행자: 제가 지금 있는 곳에서 성과를 많이 냈어요. 동료들과 팀 분위기도 좋은 편이고 어렵다는 생각은 안 해 봤어요.

수행자 어머니: 스님께서 말씀해 주시면 참고하겠습니다.
수행자: 그냥 가면 사람들이 잘 따라줄 것 같습니다.

스님: 생각대로 되면 좋지만, 그것은 자네 희망 사항이지. 옮기려고 하는 곳은 사업이 활성화가 잘 되어

서 가려고 하는 거야?

수행자: 거기요? 아니요, 활성화가 잘 안 되고 있습니다. 힘들어한 지가 꽤 오래된 것 같아요.
2년 정도. 저는 그렇게 알고 있어요.

스님: 활성화가 안 되는데 어떻게 자신감을 가져?
현재 활성화가 안 되고 있는데 활성화를 어떻게 시키냐가 숙제잖아.

수행자: 제가 지금 있는 직장에서 활성화를 많이 시켜놨거든요. 열심히 해봐야죠.

스님: 그 생각은 좋은 생각이긴 한데 거기서 한번 성공으로 이끌었다고 해서 자만심 가지면 안 돼. 우연의 일치인가 장소와 시설이 동네 수준하고 맞아서 활성화가 되었는지?
내 자신이 나를 아직도 모르잖아.
여러 사람 상대로 자신의 포용력과 지혜, 영업 성공에 필요한 자신의 수준이 어느 정도 되는지 알아?

수행자: 아직은 잘 모릅니다.

스님: 옮기려고 하는 직장은 창업한 지 몇 년 됐어?

수행자: 거기요? 10년 정도 됐습니다.

스님: 지금 다니고 있는 직장은 창업한 지 몇 년?

수행자: 지금 있는 직장은 창업한 지 5년요.

스님: 옮기려고 하는 직장은 어떤 조건으로 가는데?

수행자: 옮기려고 하는 직장은 관리하는 직원들이 있었는데 2년 전부터 활성화가 안 되니까, 하나둘씩 나가면서 관리가 잘 안된지가 1년 정도 됐거든요. 그전부터 약간씩 관리가 잘 안됐어요.

스님: 코로나 시작부터 잘 안됐다는 말이네,

수행자: 네, 운영이 어려우니까, 돌리기가 힘들어져서 저한테 그쪽에 가서 한번 해 볼 생각 없냐? 하고 제의가 온 겁니다.

스님: 본인이 가서 해 본다면 회사 측에서 어떤 인센티브가 있는 거야?
본인은 여기서 자리 잡고 있는데 활성화가 잘 안되는 데로 추천받아 가잖아. 그곳으로 가서 활성화를 시킨다면, 나에게 어떠한 이익이 있어?

수행자: 네, 지금 있는 곳은 팀을 맡고 있어요. 분위기는 좋기는 한데 일이 많고 힘들기도 합니다. 그렇지만 이번 기회에 도전해 보고 싶은 생각도 있어요. 그쪽으로 옮기면 직급이 올라가는 대신 책임감은 커지겠지만, 하는 일은 적고 대신 활성화만 시키면 수익은 좀 더 많아질 수 있습니다.

스님: 책임자로 가는 거야?

수행자: 네.

스님: 운영에 대한 책임이야?

수행자: 네, 센터 전체 운영에 대한 책임입니다.
지금 있는 곧은 팀장이고 옮겨가게 된다면 거기는 점장으로 가는 겁니다.

스님: 스님이 자세히 물어보는 이유는 자네에겐 좋은 기회야. 하지만 어차피 나이 많아지면, 그것도 (트레이너, 물리치료사) 하기 어려워. 이런 기회를 잘 활용해서 자신의 경험도 넓히고 자신의 미래에 대한 다양한 내공을 쌓아가야지.
이번에 가서 활성화하면 회사에서 인정받고 지명도가 올라갈 거야.

사람 운명이 상승으로 풀어지려면 쉽고 어렵지 않아. 안 풀리는 사람이 어렵지 풀리는 사람은 아주 쉬워요.

수행자: 저는 안 풀어 봐서 어떻게 풀어야 하는지 잘 모릅니다.

스님: 그쪽으로 옮겨가서 하면 풀려 있어. 가 봐!

수행자: 풀려 있어요?

스님: 응 가봐! 스님이 이런 말 했다고 나대지 말고 논에 가면 가을 햇살에 잘 익은 벼는 고개를 숙이고 있지.

결실이 잘되고 색이 이쁘게 잘 익은 과일이 나 결실 잘했고 색깔 이쁘지?
그런 말 안 해. 호랑이가 발톱을 감추면 고양이야. 호랑이는 사냥할 때만 발톱 세우잖아. 사람들끼리 팀이나 조직으로 서로 공감대 형성하기가 쉽지 않아.
사람들이 다양하게 각각의 개성이 있잖아. 조직을 선도하는 책임자의 신념이 흔들리지 않고 책임은 내가 지고 좋은 것은 같이 나눈다는 신념이 흔들리지

앉은 자세로 그쪽으로 옮겨가서 일하면 본인이 노력한 만큼 그 이상으로 대가가 나올 거야.

또 자네의 인생이 거기서부터 풀릴 수 있도록 스님이 응원해 주지. 지금 있는 곳에서는 자신이 잘해서 활성화했다는 생각은 조금도 갖지 말고, 그저 시절의 인연으로 내가 여기 와서 잘 있다, 간다.
이렇게 생각하고.
옮겨가는 곳도 기존 직원들 있잖아?

수행자: 옮겨가는데요?
네, 거기 직원 몇 명은 있습니다.

스님: 제일 중요하고 어려운 일이 팀워크가 잘 맞아야 해. 가서 해 보면 사람끼리 마음 맞추는 것은 어려움 없이 술술 잘 풀릴 거야.
수행했잖아?
그런 때 사용하려고 수행하는 거야.
업장 소멸 수행 몇 년 했어?
수행자: 수행 시작한 지 3년 되어갑니다.

스님: 자네는 3년 동안 수행으로 저축했으니까. 염려하지 말고 가서 해 보면 어려움은 없고 모두 풀려 있어. 가서 해 보면 알 것이야.

사람이 목표를 추구하는데 성공하는 사람이나, 실패하는 사람이나 노력은 기본으로 같이 하지.
성공하는 사람이 아침 일찍 일어나서 열심히 일 많이 해서 성공하는 것 아니야.
실패하는 사람은 늦잠 자고 게으름 피워서 실패하는 것 아니야.
실패나 성공이나 노력은 같이하는 거야.
자네는 오늘 스님 찾아와 대화한 것으로 다 풀렸어.
그래서 어머니에게 자네 데리고 오라고 한 거야.
자네, 수행하니까 마음이 차분해졌지? 마음의 힘이 강해졌지?

수행자: 네, 수행하면서는 병원 안 가고, 과거에 비해 마음의 힘이 강해졌다는 것을 느끼고 있습니다.
마음에서 자부심과 당당함이 생기는 것 같아 아주 좋아요.

스님: 자네는 수행 3년 하고 다른 사람으로 변한 거야. 긍정적이고 내면의 마음속 힘은 커지고 자부심, 긍정적인 자신감으로 새사람이 된 거야.

수행자: 제가 생각해 봐도 만이 달라진 것 같아요.
딱히 고민이나 신경 쓰이는 것이 없어요.

수행자 어머니: 제가 제일 마음에 드는 것은 제가 운전 10년 정도 하고 있는데 운전하면 불안하고 무서움, 두려움이 있었어요.
수행하고부터는 그런 것이 없어졌어요.

스님: 젊은 사람이 수행하면,
그 사람은 축복받은 겁니다.
살아갈 날이 많이 남아있기도 하지만,
누구한테 빌거나 절하면서 무엇을 이루어 달라고 부탁하는 것이 아니라, 아무 곳이나 앉아있는 자세에서 호흡만 하면 자신의 몸 시스템에서 지혜가 발현되어 운이 열려서 스스로 성공으로 찾아가는 수행입니다.

젊은 사람은 힘도 있고,
살아온 날이 짧아서 수행하면 효과가 빨라요.
그리고 업장도 약해요.
우리같이 나이 많이 먹은 사람들은 살아온 날보다 살아갈 날이 적게 남아있기도 하지만, 마음에 쌓여있는 업장은 두껍고 무거워요.

업장이 어느 때 강하게 생기냐면 결혼하고 자녀 키우면서 부부간 생각의 차이와 사회적 다양함에서 오는 의견 불일치, 또 사람 마음속에 욕망이 있기에 자기도 모르게 업장이 만들어지는 겁니다.
그러나 수행해서 자신의 내면이 맑고 밝아지면 목소리에 힘을 주지 안해도 목소리 톤을 크게 안 하고 말을 조용히 해도 내 말속에 무언의 힘이 들어있어, 상대에게 무게 있게 전달되는 것이 수행의 힘입니다.

스님이 자주 하는 말은 수행하는 사람은 성공할 수밖에 없다.
수행으로 마음속 어두움을 삭제시키고 자신에 대한 지혜의 농사를 자신이 짓는 수행이라고 말합니다.
보살님은 아들이 잘생기고 체격이 좋고, 보기에는 건강해 보여 씩씩한 아들로 보셨겠지만,
심리적으로는 상당히 나약한 편이었어요.

아들이 부모님에게 약한 모습 안 보이려고 노력해서 부모님은 모를 수도 있었겠지만,
아들은 수행으로 다시 태어난 것과 같아요.
물론 부모님이 보약이나 좋은 것 해주고 많은 것을 하셨겠지만, 마음의 힘을 키우는 것은 먹어서 되는 것이 아닙니다. 재물이 아무리 많아도 재물로 할 수 있는 것이 아닙니다.

스님: 아들? 수행해 보니까 자신이 어떻게 달라지는

지 느끼거나 알 수 있어?
수행자: 네, 처음에는 어머니께서 해 보라 하셔서 그냥 했는데 1달쯤 지나니까 제가 마음이나 심적으로 자신감이 생기고 지구력이 좋아지는 것이 느껴져요.
그래서 지금까지 빠지지 않고 계속하고 있어요.
그리고 주위에서 긍정적인 평가를 많이 듣고 사람들과 친화력이 좋아 인복이 있다는 소릴 자주 듣고 있습니다.

스님: 아들은 수행하기 때문에, 마음의 힘은 커졌고 마음속 어두움도 삭제되었고 이제는 어디를 가도 누구를 만나도 나약한 모습은 없어졌어요.
자부심이 있고 긍정적이며 스스로 당당한 사람으로 변해 가는 거야.
의학이나 과학 또는 돈으로 할 수 없는 것을 수행의 힘으로 부족한 부분을 채웠지. 그래? 안 그래?

수행자: 네, 맞아요.
제 자부심이랄까 스스로 당당함이 많이 생겼어요.
친구들이나 직장에서 누구를 만나도 뭐, 다른 생각이 안 들어요.
스님: 지금 자네가 1시간씩 수행하는 것은 몸 시스템에서 지혜가 발현되도록 작동시켜서 자신의 운명, 타고난 사주팔자를 자신의 힘으로 상승으로 열어가

는 훈련이야.
수행자 어머니: 그렇지 않아도 아들이랑 오면서 이런 수행이 있는 줄은 상상도 못 했다고 말하면서 왔어요.
스님: 부처님 가르침은 어느 것이라도 우열을 가릴 수는 없어요. 누구라도 부처님과 인연이 닿으면 기적이 일어나는 것이 불법입니다.

보살님 아들 이번에 직장 옮기면 지켜보세요.
자신의 능력을 초과하는 기적이 어떻게 일어나는지, 자신의 능력이 상상외로 커지고 확 달라진 것을 스스로 체험할 수 있을 것입니다.
그냥 있기만 해도 주위에서 도와주고 협조해 줍니다. 그것이 수행의 힘 입니다.

스님: 지금 있는 직장에서 일이 안 풀려 힘들거나 사람들끼리 스트레스 그런 것은 없었지?

수행자: 저와 연결된 사람들하고는 서로 편하고, 불편한 것은 없습니다,

스님: 보살님도 아시겠지만 일이 안 풀릴 때가 힘들잖아요, 업장 소멸 수행은 생활에 대한 요리가 다 되어있습니다. 그냥 먹기만 하면 됩니다.

보살님 아들은 이번에 직장 옮기면 요리가 다 되어 있어요.
그냥 먹기만 하면 됩니다.
그런 것이 수행의 힘입니다.

이번에 가서 성공했다고 자만하지 말고.
한 곳 더 옮길 기회가 있으면,
한 번 더 옮기면 세 곳에서 경험하는 거잖아.
거기 가서 자신을 테스트해 보고 경험 쌓고 자신감 생기면 조심스럽게 자기 사업해도 돼. 앉아서 1시간씩 숨만 쉬면, 그 속에 내가 원하는 소원이 다 들어 있어요.
수행자가 추구하는 목표를 성공으로 이루어 갑니다.

*스님과 상담한 수행자는 직장 옮겨간 첫 달부터 적자에서 흑자로 센터 활성화에 성공하여,
회사에서 중심적 인지도로 근무하고 있습니다.

*서울 마포구에 살고 있는 정 보살님 업장 소멸 수행 과정에서 사람 몸에 들어있는 빙의가 업장 소멸, 수행 방해할 때, 마장을 다스리는 과정에서 스님과 수행자와 여러 차례 수행 점검으로 재발 없는 빙의 치유 상담 내용입니다.

**1부 내용**

스님: 보살님 요즘 수행하고 있는 몸 상태는요?

수행자: 몸이 여러 곳 매우 아파요.
허리도 다시 아프고 몸을 어떻게 할 수 없을 정도로 여러 곳이 아픕니다.

수행을 시작하면 정신을 못 차릴 정도로 머리가 흔들리고요. 몸이 조여오고 그러다 고개가 사정없이 흔들리고 그렇게 힘들어도 수행했습니다.

시골에 일 있어서 기차 타고 가는 중에 기차 안에서 1시간 하고 또 집에서 1시간 하고 아파도 계속하니까 몸이 조금 나아지는 것 같기도 해요.
수행하는 도중에 여자(귀신) 빙의 같기도 하고, 남자(귀신) 빙의 같기도 한데, 저에게 커트친 머리로 얼굴을 확 내밀며, 이빨이 하얗게 보이고 싱긋 웃어 보였다가 순식간에 싹 없어져요.

스님: 몸이 아프거나 머리를 흔드는 것은 몸에든 귀신이 수행 못 하게 방해하는 것입니다.

처음에는 힘들겠지만, 그런 마장을 이겨내면서 조금만 더하시면 그 귀신들도 못 견디고 결국에는 자기 모습 보여주고 뒤도 돌아보지 않고 뛰쳐나갈 겁니다.
보살님에게 이빨 보여주며 웃는 모습을 보여주는 것으로 빙의는 몸에서 나가는 것입니다.
지금 하는 수행은 꿈속에서든 수행 중이든, 수행자에게 자기 모습을 보여주면 몸에서 나가는 것입니다.
귀신이 몸에서 나갈 때는 뒤도 돌아보지 말고 빨리 튀어 나가라고 스님이 귀신들한테 말하잖아요.
그래서 귀신이 몸에서 나갈 때는 자기 모습만 보여주고 바쁘게 나가는 겁니다.

수행자: 여자인지 남자인지 모르겠는데 사람이 죽어서 상여 나갈 때 어이-어이 하잖아요?
사람 눈은 떠지지 않고 한쪽 눈에는 눈물이 흐르는 느낌이에요.
지팡이를 짚고 있는 할머니하고 휠체어를 타고 있는 남자 할아버지도 보이고요.

스님: 죽은 사람 눈이 감겨있는 상태에서 눈물이 흐르는 모습은 죽어서도 아쉬움, 미련에 대한 한이 많다는 것입니다.
상여 나가는 사람, 할머니와 휠체어 타고 있는 남자, 그 빙의도 보살님에게 보여주고 몸에서 나가는 것입

니다.
눈물 흐르는 분은 마음에 아쉬움, 미련, 후회 등 한이 많이 있으니, 눈물이 나오겠지요.
눈물 흘리는 빙의도 보살님 몸에 들어있다가 자기 모습을 보여주고 나가는 겁니다.

수행자: 아침에 수행하는데 옛날에 시골에서 처녀 때 뱀을 죽였는데 그 뱀이 선명하게 보이지는 않았어요. 근데, 원래 뱀이 반짝반짝하잖아요?
그게 스르르 길게 기어가는 거예요.

스님: 옛날 시골에서 처녀 때 죽인 뱀을 무슨 뱀이었어요?

수행자: 초록색 뱀이었어요.

스님: 그것도 보살님 몸에서 파충류로 있다가 나가는 것입니다.
그 초록색 그 뱀, 영혼이 보살님 몸에 들어와 있다가 업장 소멸 수행하니까 못 견디고 자기 모습 보여주고 몸에서 나가는 겁니다.
보살님이 허리가 아프고 다리가 아픈 것은 그 뱀이 몸을 칭칭 감고 있었으니까
몸이 아픈 것이지.

이제 나갔으니까, 아프지 않을 겁니다.
보살님에게 물어볼 말이 있습니다.
어디에서 신을 받은 적이 있습니까?
또는 신을 빙자해서 사람들한테 뭐라도 얻어먹은 것은 있습니까?
스님이 보살님에게 물어보는 것은 지금 보살님 몸에 든 귀신을 내보내려고 수행하잖아요,

수행자: 신을 받은 적이 없고요.
얻어먹은 적도 없습니다.
제가 결혼해서 시가집에 가서 보니 시어머니가 신당을 차려 놓고 계시더라고요.
그때 저는 따라다니면서 구경도 했어요.
그리고 얼마 후에 시어머니가 무속인 안 하겠다고 어떤 도인이라고 하는데 신당에 있던 도구들을 모두 그 도인 집에 가져다줬어요.

스님: 지금 보살님 몸에 빙의가 많이 들어있어요.
시어머니 무속인 생활하는데 보살님이 따라다녔으니까 신당 철거하면 그 귀신들 어디로 가겠습니까?
자손들이나 보살님 몸으로 들어온 거지요.

수행자: 제가 몇 년 전 역사가 오래된 인왕산 천년고찰 법당에서 밤12시까지는 사찰 법당 안에서 기도

했고요.
새벽 1시부터 4시까지는 산신각에서 철야 기도를 100일간 하는데 그때 제가 결혼하기 전 시골에서 죽인 뱀이 내 허리를 감고 있다는 생각이 들었어요.

그래서 사찰 주지 스님에게 말씀드리니 그냥 잊어버리라고 말씀하시는 거예요.
그 말씀을 듣고 생각 안 하고 잊어버리려고 해도 잊혀 지지가 않아요.
그것을 해결하려고 몇 군데 찾아보기도 했는데,
어떻게 할 방법이 없었어요.

스님: 보살님이 옛날에 죽인 그 뱀은 지난번 보여주는 것으로 몸에서 나갔습니다.

지금도 보살님 몸에 잡귀신이 다양하게 많이 들어있는데 상담하는 과정에서 자기의 입장이나 말씀을 임으로 보태서 하거나 빼고 하면 안 됩니다.
보살님 몸에 들어 있는 빙의는 보살님에 대해서 잘 알고 있는데 스님과 상담하면서 정직하지 않으면 몸에 들어있는 빙의가 승복을 안 합니다.

수행자: 네, 거짓말 안 합니다.

스님: 제가 처음 상담할 때 귀신이 몸에서 나갈 때는 보여주고 나간다고 했죠?
지금 보살님이 말씀하시는 것과 같이, 꿈속이든 수행 중이든 인간으로 보이면 인간 귀신, 축생으로 보이면 축생 귀신, 파충류로 보이면 그것도 귀신입니다.
파충류 빙의 그것도 사람 몸을 아프게 하는 빙의인데 업장 소멸 퇴마 수행으로 몸에 들어있던 귀신들이 보여주는 것으로 모두 나가는 것입니다.

수행해도 수행자의 몸에 무엇이 들어있는지?
자기 몸에 뭐가 있었는지?
안 들어 있는지?
안 보여주면 누가 알겠습니까?
그래서 귀신들한테 나갈 때는 보여주고 나가라고 하는 겁니다.

수행자: 제가 수행을 하루 3시간씩 했습니다.
아침 일찍 일어나 1시간 하고 직장 점심시간에 1시간 하고 퇴근하고 팔불사에 와서 하거나, 아니면 집에 가서 1시간 하고 딸이 직장이 멀어 따로 살고 있는데 딸이 엄마에게 놀러 왔어요.
그래도 수행했어요.

스님: 그렇게 열심히 하시면 3배가 빠릅니다.
어떤 원한이 있는 귀신이라도 스님하고 눈만 맞춰도 꼼짝 못 하고 귀신은 준동을 못 하고 나갑니다.

몸에 들어있는 빙의 내보내는 수행은 하루 1시간씩 하면 1년 걸리고 하루 2시간씩 하면 6개월 걸리고 하루 3시간씩 하면 100일이면 재발 없이 끝납니다.

수행자: 꿈속에서 A4 용지 세로로 반쪽 크기로 가운데 2개 사진은 같은 인물이고 양복 입은 50대 초반 남자 1명 보였습니다.
건물이 꽤 큰 건물인데, 계단이 5~6개 정도 위에 건물이 있고 키도 크고 풍채도 좋은 여자 곤색 통이 넓은 바지와 엷은 보라색 반소매 티 입고 눈, 코, 입, 얼굴 성형 수술하고 붕대를 풀은 모습으로 내게 무슨 말을 했는데 못 알아들었어요.

스님: 보살님은 몸에 빙의가 들어있는지 모르고 있었다고 말씀하시지만, 수행해 보니까 보살님 몸에 귀신이 얼마나 많이 들어있는지 아시겠죠?

사진 속 인물, 양복 입은 남자 풍채 좋은 성형 수술한 여자 모두가 자신의 모습을 보여주는 것은 빙의가 몸에서 나가는 것입니다.

수행도 열심히 하시니까 몸에 들어있는 빙의가 꼼짝 못 하고 잘나가고 있어요.
수행 게으르게 하지 마시고 열심히 하세요.

수행자: 네, 빙의가 나갈 때는 뒤도 안 돌아보고 급하게 나가요.

스님: 수행하시는 중에 몸이 아파져 온다.
두려움, 무서움, 의심이 든다.
수행자가 예상하지 않은 여러 가지 방법으로 장애, 방해, 마장 그러한 현상이 일어날 수가 있어요.
그런 현상이 일어나면 내가 수행을 잘하고 있다고 생각하시고 수행 열심히 하세요.

귀신도 사람 몸이 필요해서 사람 몸에 들어왔거든요. 몸에다 집 짓고 잘살고 있는데 갑자기 나가라고 하면 집 빼앗기고 노숙자 되는데 누가 쉽게 나가려고 하겠습니까?
귀신 입장에서는 사람 몸 없으면 노숙자 되는 겁니다.

수행자: 어느 땐 화나고 슬프기도 하고 눈물은 나지 않고 어제는 딸이 집에 왔는데 저에게 무슨 말을 하면 화가 나는 거예요. 새벽에 수행하는데도 화가 나

요. 내가 왜 이러지?
직장에서도 동료들에게 말을 곱게 해야 하는데 화를 냈어요.

스님: 화가 나면 화를 내지 마시고 슬픔이 올라오면 슬퍼하지 마시고 그런 감정적인 현상이 일어나면 내가 수행을 잘하고 있으니 내 몸에 저장되어 있던 어두운 에너지가 올라오는 거구나,
그렇게 생각하세요.

마음에서 그런 감정이 일어나면 내가 수행을 잘하고 있다고 생각하세요.

왜냐면 내 몸에 어두운 에너지, 화, 분노, 슬픔, 아쉬움, 미련, 후회가 저장 되어있는 상태에서 수행의 힘으로 어두운 에너지를 호흡으로 불어 올리니까 내면에 눌려있던 부정적인 에너지가 마음에서 올라와 화가 나고, 슬프고, 어두운 에너지가 감정으로 올라오면서 지워지는 것입니다.

그러한 현상은 내가 마음에다 어두운 에너지를 쌓아놓고 살아오다가 수행으로 불어 올라오면서 빙의도 나가고 업장도 지워지는 과정입니다.

수행자: 네, 수행 중에 지나간 일이 생각나기도 하고 수행 안 할 때도 지나간 일상에 있었던 기억이 감정으로 떠오르고 직장에서 근무할 때도 잊어버리고 있었던 일들이 갑자기 생각으로 떠오릅니다.

스님: 업장 소멸 수행은 지금까지 살아오면서 자신이 말하고 행동한 기록이 내 몸 세포에 저장되는 줄 모르고 살아오셨을 겁니다.
그러나 수행해 보니까 한 치의 오차도 없이 기록으로 저장되고 있는 것을 알 수 있습니다.

지나간 일이 생각으로 떠오르면, 그러한 에너지를 생각하면서 입으로 들이마신 호흡을 길게 불어내는 것으로 그런 기억들을 지우는 수행입니다.

그것 안 지우고 내가 죽으면, 지금 살아가면서 만들어지는 내 일거수일투족 그것 돌돌 말아서 가져가 염라대왕에게 심판받는 겁니다.
몸 가지고 있을 때 자신이 지은 업장 자신이 지워야지. 몸 잃어버리면 지우고 싶어도 지울 수가 없습니다.
그러기 때문에 귀신들이 자기 공부하려고 사람 몸이 필요해 사람 몸에 들어오는 겁니다.

수행자: 어느 땐 가슴이 답답하고, 호흡이 힘들 땐 그럴 땐, 푸ㅡ호 이렇게 했어요.
스님이 소리는 내지 말라고 하셨는데 저도 모르게 푸-호 이렇게 소리가 나요.

스님: 보살님 급하게 하지 마세요.
이제까지는 내 몸에 저장하고 있는 업장 지우는 방법을 몰랐었지만,
이제는 지우는 방법을 알았잖아요.
수행하면 지워진다는 것을 알고 있는데 급하게 하지 마시고 꾸준히 하면 모두 지워집니다.

수행자: 스님을 만난 것이 너무 좋아요.
이렇게 와서 상담도 하고 점검도 받고 이런 수행이 있는 것이 너무 좋아요.
자기 몸에 귀신 들어있는 것을 누가 내보낼 수 있겠어요.

스님: 보살님은 말씀하시면서 스님 눈을 바라보세요.
보살님은 수행하신 지 2달밖에 안 돼 아직은 기력이 약해요. 보살님 몸에 들어있는 귀신이 스님과 눈을 마주치거나, 목소리만 들어도 귀신은 꼼짝 못 하고 준동 못 하고 몸에서 나가야 합니다.
안 나가려고 몸 구석에 숨어 있어도 나중에 눈빛 레

이저로 내면을 비추어 관찰하면 레이저에 모두 걸리게 되어있습니다.
몸속 깊은 곳에 숨어 있어도 결국에는 발견되어 숨어 있지 못하고 모두 나가게 됩니다.

수행자: 호흡으로 불어내는 것을 하루 2시간은 꼭 하고 많이 할 때는 하루 3시간 할 때도 있고 직장에서든 차 안에서든 이동하거나 움직일 때는 10분 할 때도 있고 어느 땐 30분 불어낼 때도 있어요.

스님: 어디에서든 시간과 장소와 관계없이 입으로 불어내는 것을 생활화하면 수행의 효과가 빠르긴 하지만, 꼭 하루 1시간은 앉은 정자세로 하면 수행의 효과는 더욱 빠릅니다.
또 더할 수 있는 자투리 시간에 조금씩이라도 더하면 삭제되는 효과가 좋습니다.

지속적인 수행이 쉬운 것은 아니지만,
그렇다고 어렵거나 힘든 것도 아닙니다.
스님이 보기에 보살님은 열심히 하시니 수행의 효과가 상당히 빠르겠습니다.

수행자: 내 몸에 뭐가 들어있다는 생각은 안 해 봤어요. 그러나 다른 사람들하고는 조금 다르다.

이런 생각은 했어요. 모르는 사람을 보면,
그 사람은 어떻다 하는 저에게 예민한 촉감은 있다는 생각은 했어요.

스님: 보살님하고 처음 상담할 때 몸에 들어있는 빙의는 나갈 때 보여주고 나간다. 스님이 말했잖아요.
수행해 보니까, 스님이 말한 대로 귀신들이 보여주고 나가잖아요. 보살님 몸에 들어있는 빙의 모두 내보내면 보살님은 진정한 나로 살아갈 수 있고 과거와는 다른 사람으로 변합니다.

빙의, 귀신, 축생, 파충류 등 몸에서 한번 나간 영적 존재는 다시 못 들어오고 이 수행은 재발이 없는 수행입니다. 재발이 있다면 부처님 불법이 아니지요.
수행자: 딸이 가끔 엄마 이상하다. 엄마 눈빛이 다른 사람보다 강하거든. 엄마에게 뭐가 있나 보다.
신기 있는가 보다. 딸이 이런 말을 했어요.
제가 눈빛이 강하다는 말은 많이 들었어요.

스님: 쓸데없는 소리. 그런 허접한 잡신 가지고 무속인으로 풀어 먹고살 수 있을까요?

지금 보살님에게 문제가 무엇이냐 하면, 몸 시스템이 귀신과 연결되는 주파수가 열려있어서 몸에 귀신이 많이 들어와 있지만 써먹을 귀신이 없어요.
귀신들의 능력이 안 돼. 풀어 먹을 신이 없다는 겁니다. 잡신이 들어 있기 때문에 내보내야 보살님 생각도 행동도 말하는 톤도 달라집니다.

그래야 보살님이 추구하는 목표도 이루어 나갈 수 있습니다. 지금까지는 생각, 말, 행동이 서로 엇박자로 살아왔는데 보살님은 그런 식으로 계속 살아오니까 그것이 정상인 줄 알고 있지만, 정상으로 살아온 것이 아니다. 라는 걸 곧 알게 됩니다.

수행자: 수행하면서 어느 땐 머리가 흔들리고 아프고 하면 내 머릿속에 뭐가 있어서 그런가? 나가면 괜찮을까? 그런 생각이 들 때가 있었어요.

스님: 머리가 흔들리고 아프고 하는 것은 수행을 방해하는 잡귀가 하는 짓입니다.
몸에 빙의 들어있는 사람들이 제일 많이 착각하고 있는 것은 혹시 기도 많이 해서 도력을 높이면, 또 열심히 닦고 기도하면 선견지명이 생기고 귀신 수준이 높게 올라갈까입니다.
그런 생각은 착각입니다.
그런 생각하는 자체가 귀신에게 속고 있는 겁니다.
자신에게 신 줄이 있다면 귀신들이 몸에 들어있어도

교통 정리가 자동으로 되어 몸에서 기와 운이 발현돼 몸에 병고가 생기거나 목표하는 일이 안 풀리는 현상이 없어야 합니다.

무속인 하려면 다른 사람 운도 열어주고 아픈 것도 치료해 주는데 지금 보살님은 자기 몸 아픈 것도 해결 못 하고 있잖아요.
보살님은 수행하신 지 4개월밖에 안 되니 몸에 들어있는 빙의가 나가면 며칠간은 그 자리가 아플 수가 있어요.

처음 상담할 때 아플 수 있다고 말해서 아실 것이고 빙의가 머리에 있다가 나가면 머리를 칼로 약하게 긋는 것같이 며칠간 아플 수가 있고 몸에 들어있다가 나가면 나간 자리가 비어 있으니까 채워질 때까지 며칠간 약하게 멍하니 아플 수가 있어요.

수행자: 스님께서 처음 상담할 때 그런 말씀 하셔서 알고 있습니다.

**2부 내용**

수행자가 수행 시작 5개월 그때가 8월 여름 장마철 밤 9시경 팔불사 법당에서 수행자 몸 깊은 곳에 숨어 있는 빙의를 발견하여 몸에서 내보내는 과정을 팔불사 불자들에게 발표한 내용입니다.
수행자: 제가 퇴근하고 팔불사에 와서 수행 시작 30분 정도 했을 무렵, 제 머리를 심하게 흔들고 손으로 무릎을 때리고 울음이 나요.

나를 어디로 가라고 하냐며,
이것 빙의(귀신)가 나를 마구잡이로 잡아 돌려요.
법당에서 30분 정도 뒹굴고 울면서 수행하는데 스님이 우는 소리가 나니까 오셨어요.

스님: 여기에서는 내가 이야기 좀 하겠습니다.
평소에 보살님이 퇴근하고 일주일에 한두 번 법당에 와서 수행했어요.

그날도 법당에 들어간 후 약 30분 정도 되었는데 이상하게 법당에서 보살님이 우는소리가 나요.
그래서 무슨 일이 있나 하고 법당문을 빼꼼 열어보니, 보살님이 울면서 수행을 해요.

그래서 수행을 잘하고 있구나, 스님은 그렇게 생각했어요. 그 후 우는 소리가 계속 더 크게 나서 법당 쪽으로 신경 쓰고 있는데 2-30분 있으니 울음소리가 더 커지고 혼자 울면서 법당에서 뒹구는 거야.
그래서 안 되겠다, 싶어,

내가 좀 도와줘야지 하고 가서 보니,
밤이라 캄캄하지, 여름철 장맛비는 엄청나게 오고 있지, 보살님 머리는 풀어 흐트러져 있지, 보살님은 눈물 콧물 흘리며 울면서 법당에서 뒹굴고 있지. 장난 아니었어요. 내가 중만 아니었다면, 도망갔을지도 몰라요.

팔불사 불자들 : 웃음…….

스님: 보살님이 너무 몸부림치면서 힘들어하시니까 도와주려고 보살님에게 가서 손을 잡고 머리 쪽으로 기를 넣어주면서 빙의한테 말을 시키면서 나가라 했더니 안 나간다는 거야.
나를 어디로 가라고 하는 거냐고 그렇게 말해.
그래서 네가 여기 보살님 몸에 들어와 있음으로 이 중생(보살)이 많이 망가졌잖아.

그리고 너, 빙의(귀신)가 보살님 몸에 들어와 있음으로 다른 귀신까지 들어와 있잖아.
스님이 그렇게 말하니,
다른 귀신은 자기(빙의)하고 관련 없다고 말하면서 다른 귀신들은 자기는 모른다고 말하는 거야.
그래서 너는 여기 몸에 숨어 있는 것을 내가 알고 있는 이상 너는 나가야 한다.

첫째 나가는 방법은 네가 스스로 나가는 방법이 있고, 두 번째 방법은 너한테 기회를 줬는데도 안 나가면 너를 몸에서 강제로 끄집어내 무간지옥으로 집어넣는다.
무간지옥에 들어가면,
너는 상처가 커서 세세생생 환생을 못 해.
그러니 네가 스스로 몸에서 나가는 것이 너에게 이익이다.
그렇게 말을 하니 귀신이 콧방귀 팅팅 뀌는 거야.
스님한테 귀신 따위가 그러니 괘씸하잖아요.
그래서 지옥문을 열고, 저승사자를 부르고 무독귀왕(귀신의 왕)을 불렀어. 무독귀왕이 귀신을 데려가려고 오니까 보살님 몸에든 귀신이 무독귀왕을 보고 아이고 나 지옥 안 간다고 두 손으로 싹싹 비는 거야. 빌면서 이제 나가겠다고 하는 거예요.

팔불사 불자들: (신기하다는 듯 웃으며 수행자에게 질문) 그 귀신이 보살님을 조종하는 거잖아요?

수행자: 네. 몸에 들어있는 귀신은 무독귀왕이 나올지는 몰랐죠.
갑자기 스님이 저승사자 나와라,
무독귀왕 나와라, 호출하시면서 부르시니까.

귀신이 보고 싹싹 빌면서 잘못했어, 잘못했어, 빌어요. 그러면서 몸이 있잖아요.
내 몸이 쥐가 나고, 손이 벌, 벌, 벌, 떨어요.

스님: 그러니까, 내가 도와줄 수밖에 없어요.
귀신이 스님보고 콧방귀 팅팅 뀌는데 괘씸하지.
그래서 지옥문 열고 지옥에다 집어넣으려고 지장보살 님 통해서 절차 받고 있는데 귀신이 잘못했다고 납작 엎드려 빌더라고.
그럼, 너 가. 나갈 수 있는 시간은 지금이 밤 10시 40분이니까 오늘 밤 12까지 준다.

오늘 지나면 너는 불법을 어지럽힌 엄중함으로 무간지옥으로 집어넣는다고 말하니, 조금 있다가 나간다고 하더라고 그러더니 마음의 문이 닫혀서 못 나간다고 하는 거예요,

수행자: 가슴에 마음의 문이 닫혔다고 하면서 못 나간다고 해요.

스님: 왜? 마음의 문이 닫혔냐, 스님이 물으시니, 바위가 마음에 문을 가로막고 있어, 문이 안 열려 못 나간다고 해요.

수행자: 귀신이 돌 있어, 돌 있어, 요기, 요기, 돌 있어, 그래요,
팔불사 불자들 : (여기저기서 크게 웃는)

스님: 그러니 돌을 깨줘야 문이 열려 나가잖아요.
그래서 부처님 원력으로 그 바위를 깨부숴 모래로 바꿨어요.
그런데 왼쪽에 또 있다는 거예요.
왼쪽에 더 큰 바위가 있다는 거예요.
그전에 스님이 그 돌이 왜 여기 있냐?
귀신한테 물어보니

수행자: 내가 앉아있으려고 가지고 들어왔지.
자기가 가지고 들어왔다고 말해요.

팔불사 불자들 : (웃는)

스님: 그 바위도 원력으로 모래로 바꿔 깨부쉈어요.
그랬는데 오른쪽에 또 있다는 거예요.
거기는 왜 있냐? 물으니,
그것은 귀신이 다리 올리는 데라고 말해요.

팔불사 불자들 : (웃는)

스님: 그런데 이 보살님이 자기 몸속에 있는 바위를 봤다고 해요. 여기부터는 보살님이 이야기해 보세요.
수행자: 바위가 있대요. 바위가 문을 막고 있어,
못 나가, 못 나가, 이러는 거예요.
그래서 스님이 바위 깨줄게.
모래로 만들어서 깨줄게.
변기통으로 모두 다 내려가라고 하시는 거예요.
그래서 제가 변기를 떠올렸어요.
변기를 떠올리면서 변기 속으로 내려가길 바랐어요.
조금 있다가 바위가 모래로 변해서 변기통으로 내려 갔어요.

그러더니 여기 바위가 또 있다고 해요.
그래서 거기를 생각해 보니 제 가슴에 이런 색깔의 돌이(회색 바위)가 들어있는 거예요.
그걸 제가 봤어요.

팔불사 불자들: (야.-신기한 듯 놀라는 표정) 바위 색깔도 봤어요?

수행자: 네, 바위 색깔 손가락으로 가리키며 저런 색…….
스님이 이것이 왜 여기 있냐 물으니?
내가 발 올려놓으려고 가지고 왔지, 이러는 거예요.

팔불사 불자들 : (웃는)
스님이 손을 대서 바위를 깼어요. 깨니까 여기 또 있어, 여기, 여기 또 있어, 이러는 거예요.

팔불사 불자들 : (웃는)
스님이 나는 이런데 손 안 데는데 하시면서 제 등 뒤쪽 바위를 깨주셨어요.
그랬는데 몸에든 귀신이 내가 얘(보살) 아프게 했어. 여기, 여기 아프게 했어 이러는 거예요. 제가 수술해서 혈관 관상 동맥으로 스텐트 시술했거든요.

스님: 귀신이 몸에서 나가기 싫으니까 핑계 대면서 시간 끌기 위해 귀신이 말을 다 하는 거야.

수행자: 제 생각으로는 빨리 좀 나갔으면 좋겠는데 엄청 시간을 끄는 거예요.
그러면서 나중에 또 소변 마려워, 소변보고 갈래! 이래요!

팔불사 불자들 : (여기저기서 크게 웃는)

안 나가려고 이렇게 시간을 끄는 거예요.
스님이 화장실 갔다 와 하셔서 화장실 갔다 왔어요, 그리고 2차전 또 시작했어요.

스님: 몸에든 귀신이 안 나가려고 엄청 속임수를 쓰는 거예요.

수행자: 스님이 머리부터 허리 쪽으로 제압해 주시며, 이제 몸에서 나가라 말씀하시며 여기 팔불사에 인연으로 왔을 때 좋은 마음으로 나가라고 말씀하시니, 빙의가 갈게, 갈게 말은 하면서 시간을 계속 끄는 거예요.

스님이 무독귀왕 부를까?
하시니 몸에든 귀신이 잘못했어, 잘못했어,
갈게, 갈게, 미안해, 미안해 하면서 우리 애들 아버지를 이야기하는 거예요.
스님이 너, 언제 들어왔냐?
이보살 어릴 때 들어왔냐?
아니라고 고개 흔들어요.
그럼, 아가씨 때 들어왔냐?
아니라고 고개 흔들어요.
결혼하고 들어왔냐고 물으니,
그렇다고 고개를 끄덕끄덕 해요,
그러면서 나, 그 사람 좋아해. 스님이 누구? 하니까,
얘(보살님)가 좋아하는 사람 있잖아.
얘가 좋아하는 사람, 제 남편을 말하는 거예요. 얘가 좋아하는 사람을 (보살님 남편) 자기(빙의)가 전생에

그 사람 좋아했다고 말해요.
그 사람 있잖아, 그 사람 좋아해.
근데 그 사람 죽었어. 그 사람 좋은 데 (천도)보내줘, 이렇게 말해요.

스님: 빙의가 수행자 보살님 남편을 죽게 했다고 말을 해요. 귀신 자기가 수행자 남편을 죽였다고 전생에 빙의가 수행자 남편을 좋아했는데 뜻을 이루지 못한 원을 가지고 있는데 빙의가 좋아하는 사람이 저 보살님 하고 살고 있으니 귀신 입장에서 얼마나 밉고 원한이 깊겠습니까?
보살님도 빙의(귀신)가 아프게 해서 수술시켰다고 말을 해요.

수행자: 스님께서 너가 말하는 사람 좋은 곳으로 보내주겠다 말씀하시니,
얘 수행자도 잘되게 해주세요.
얘 수행자도 좋은 사람이다. 잘 되게 해주라고 말하는 거예요.
그 사람 꼭 좋은데 천도시켜 주라고 말해요,

팔불사 불자들 : (놀라는 표정으로) 야---

수행자: 스님께서 걱정하지 말라, 좋은 데 보내 (천

도) 주겠다 말씀하시며 너도 팔불사와 인연이 닿았으니, 업장 소멸하였고 이제는 인간 몸 받아 좋은 인연 만나 행복하게 아들딸 낳고 잘 살아가라고 말씀하시고 빙의가 나가기 전에는 내 무릎을 때리고 머리를 흔들고 하품을 하고 얼마나 나를 때렸는지, 난리도 난리도 그런 난리가 없었어요.
그 난리를 피다가 결국엔 나갔어요.

그리고 다음 날 아침 출근할 때 여자 얼굴이 하얀 얼굴인데 뚱뚱해요. 횡단보도 건 널려고 서 있는데 맞은편에서 나를 기분 나쁜 듯이 찡그리면서 쳐다보고 있어요.

팔불사 불자들: (웃음) 몸에서 쫓겨났다, 이건가요?

수행자: 내가 그 귀신보고 저거 어제 나간 거 그거 아니야? 내가 속마음으로 ---

스님: 맞아요, 아침에 횡단보도 맞은편에 서 있던 빙의는 어제 나간 귀신 맞습니다.

수행자: 어제 나갔으면 가지 왜 나한테 또 왔지? 제가 아침에 출근하면서 그랬어요.

스님: 수행자는 시어머니가 무속인이었는데, 무속 신당 철거하는 과정에서 회향이 잘못돼 신당에 있던 귀신들 천도가 안 돼 귀신들이 갈 곳이 없어 자손들에게 달라붙은 겁니다.

자손들은 원인도 모르고 힘들게 살아가고 남편은 단명했고 보살님은 혈관에 2번씩이나 스탬프 시술하고 자손들은 일이 안 풀리는 피해를 보고 살아오다가 업장 소멸 수행으로 남편분은 천도 됐습니다.

또 몸에 들어있는 빙의, 영가들도 몸 가지고 있는 보살님 수행 덕분에 업장 소멸하여서 인간 몸 받아 다시 태어납니다,

보살님 몸에서 귀신(빙의)은 다 나갔습니다.
몸에서 나간 빙의는 다시 들어오지 못하고 재발은 없습니다.
이제부터는 정신적으로나 가정이나 모두 편안할 것이며, 수행만 해도 재물복이 많이 나오는 수행이니까 열심히 수행하셔서 복 많이 쌓으시고 추구하는 일은 잘 풀리고 자녀들도 앞길이 열려 추구하는 일은 잘될 것입니다.

*서울 서대문에 살고 계시는 김 보살님 수행수기입니다.
수행자: 태백산 성지 술래 천재단에서 부처님께 절하는데 하늘에 커다란 사찰이 보이고 하늘에서 별이 반짝반짝 온통 붉은색이 하늘을 가리고 붉은빛이 내 몸을 휘감아, 몸속으로 흡수되는 느낌이었고 부처님께 절하는 엎드린 자세에서 한참 동안 오묘한 빛에 가려 앞이 보이지 않았어요.

스님: 하늘에 있는 사찰은 신성하고 영적으로 탐험 장소를 상징합니다. 붉은색 하늘은 보살님 앞날에 화려함과 감정을 나타내고 반짝이는 별은 특별함 또는 보살님이 목표하고 추구하는 것을 하늘에서 주목함을 뜻합니다.

빛이 내 몸을 휘감고 흡수하는 뜻은 우주의 에너지를 자신이 흡수해 변화, 정화, 새로운 변화와 상승의 시작을 의미하는 메시지입니다.

빛에 가려 앞이 보이지 않은 상태의 뜻은 변화의 순간을 나타내며, 새로운 인식을 체험할 수도 있습니다. 그러한 상황은 자신의 새로운 관점을 통해, 이전에 인식하지 못했던 것을 체험하거나, 변화를 상징합니다.

수행자: 수행 중 창고같이 생긴 집 2채 중 1채는 내부공사하고 있었고 또 짓고 있는 1채에 종재기에 액체로 된 약물이 들어있었어요.

스님: 수행 중 건물을 짓거나, 인테리어 공사는 새로운 변경을 예시하는 것입니다. 주택 2채는 보살님이 소유하게 될 재물을 보여주는 것이며, 상승의 변화가 일어난다는 메시지입니다.

수행 중에 액체가 든 종재기는 부처님이 주시는 신비로운 명약입니다. 건강이 안 좋은 분들은 수행 중이든 꿈속에서든 부처님께서 주시는 약을 받은 사람은 현재 병이 있거나 미래에 찾아올 병고는 치료가 된 것입니다.

부처님으로부터 약을 받는 것으로 보아 보살님은 건강이 안 좋은 데가 있으나, 오늘부터 점차 건강이 좋아질 것입니다.

수행자: 어느 날 수행하고 식탁에 앉아있는데 집안이 환해지면서, 빛이 여러 가지 색을 이루고 창문 밖으로 북두칠성이 만들어지고 빛이 20분 정도 집안에 머물렀어요.
스님: 갑자기 집안이 환해지는 뜻은 가정에 환상적

인 놀라운 현상이나, 아름다운 변화가 생긴다는 뜻입니다.

북두칠성은 북반구 하늘에서 볼 수 있는 별이지만, 영적으로 조상님들의 영혼이 머무는 곳, 영원한 존재, 높은 위치에서 보살님의 앞날에 가족의 조화로운 안정과 풍요로움을 상징합니다.

빛이 20분 정도 머무는 현상은 영적인 신비한 현상으로 우주의 에너지, 청정, 진리, 풍요 등 앞으로 보살님 가정에 풍요롭고 충만하다는 예지입니다.

수행자: 수행 중 한지에 글씨가 한문으로 쓰여있었고 손바닥에는 블루 사파이어가 몇 개 있었어요.

스님: 한지에 쓰여있는 글씨는 영적인 힘이 있는 방편문 또는 어떠한 문제를 해결해 나갈 수 있는 부처님의 지침서라고 말할 수 있습니다.

종이에 쓰인 글은 앞으로 찾아올 액운을 방편문으로 미리 막아주는 힘이 있고 수행자가 살아가면서 찾아올 액란을 소멸시키고 기와 운이 상승하는 데 필요한 방편문의 뜻하기도 합니다.

블루 사파이어는 열정, 신비로움, 고귀함, 재물과 지혜를 상징하는 것이니, 보살님은 불법 수행으로 부처님 가피 받은 것입니다.
수행자: 수행 중에 폭포에서 물이 쏟아지고 하늘에서 흰쌀이 쏟아졌어요. 벼가 누렇게 익었는데 이삭 부위를 모두 묶어놓았고요. 고목 나무에 잎이 풍성하게 보였어요.

폭포수에서 물이 쏟아지는 현상은 자연의 질서에 의해 재물이 나에게 흘러들어오는 것을 의미하는 것입니다, 하늘에서 내리는 흰쌀은 천상에서 보살님에게 주시는 의식주, 재물 복입니다.
벼가 누렇게 익어 묶여있는 것은 활동으로 인한 결실, 수확, 재물 복을 뜻하며, 고목 나뭇잎이 풍성하게 보이는 것은 고목 나무는 사람 나이를 뜻하고 나뭇잎이 풍성하게 보이는 것은 보살님 주변 환경이 풍성하고 활기차다는 뜻입니다.
하늘과 자연에서 복을 받아 가정에 풍성한 수확과 풍요를 상징합니다.

수행자: 스님이 법문하실 때 불보살님이 가피 주실 때, 항상 거룩한 모습으로 오시는 것이 아니라, 안타까운 모습으로 오실 때도 있다는 말씀을 들은 적이 있는데 얼마 전 수행 중에 불보살님들이 절름발이,

노숙자, 장애인분들 여러 명이 운동장에 모여계신 것을 보았는데 지난날과 다르게 제가 수행이 좀 되었는지 외면하고 싶은 마음이 안 들었습니다. 제 마음이 많이 닦였는지! 마음에서 싫다는 생각이 안 들었습니다.

스님: 불보살님들이 보살님에게 안타까운 모습으로 보여준 뜻은 보살님의 마음 닦음 수행이 어느 정도인지 불보살님께서 테스트하는 과정입니다.

불교의 핵심은 관용과 자비, 바라밀 행동을 동반한 구제와 제도를 나타내는 종교입니다.

마음 수행이 덜 된 수행자는 평범하지 않거나, 장애가 있는 사람을 보면 자신도 모르게 무의식으로 피하게 됩니다. 자비로운 불보살님들이 보살님에게 취약한 모습을 보여줌으로 보살님이 외면하면, 수행이 부족하여 마음이 맑고 밝지 않다는 뜻입니다.

평범하지 않거나 어려운 사람이 보일 때 분별하는 마음 없이, 마음에서 안타까운 마음이 나면 불보살님에게서 큰 복을 받게 됩니다. 불법 수행은 차별이나 분별하는 마음을 삭제하는 수행입니다.

수행자: 꿈속에서 산속에 큰 사찰이 보이고 저수지가 있는데 물이 가득 채워져 있고 수행 중에 보인 것인데 식탁 네 군데 모서리에 연꽃이 피어 있었어요.
스님: 꿈속에서 산속에 큰 사찰이 보이고 물이 가득 찬 저수지가 보이는 뜻은 사찰은 평화의 정신을 상징하고 가득 찬 저수지 물은 재정적 풍요를 상징합니다. 식탁 위 네 군데 연꽃은 동서남북, 의식주의 풍요와 가정에서 평화와 행복을 상징합니다.

수행자: 꿈에서 많은 별이 기둥을 이루면서, 땅에서 하늘로 올라가고 항아리가 가득 채워지지 않은 빈 항아리 상태로 보였어요,

스님: 별들이 일렬로 늘어서, 땅에서 하늘까지 올라가는 뜻은 보살님의 소원과 다양한 뜻이 하늘에 전달된다는 뜻입니다.

아직 채워지지 않은 항아리는 보살님이 수행을 계속하면, 수행의 힘으로 항아리는 복으로 가득 채워질 것입니다.

지금 하고있는 수행이 항아리에 복을 채우는 수행이며, 자신이 타고난 팔자를 바꾸는 수행, 나를 바꾸는

수행입니다.
복 그릇이 없는 사람은 복 그릇을 만들어 채워주고 복 그릇에 복이 가득 차면 더 큰 그릇이나, 또는 복 창고로 넓혀가며, 이번 생과 다음 생이 연결된 수행입니다.

수행자: 수행 중에 여러 가지 빛으로 된 농구공 같은 동그란 원인데 오묘한 색으로 된 동그란 원으로 된 덩어리가 여러 개 보이기 시작했습니다.

스님: 보살님이 보시는 동그란 여러 가지의 색은 수행자의 여러 가지 소원이 하늘에 전달되는 과정을 영적인 빛으로 수행의 목적 이루고자 하는 소원을 여러 가지 색을 띤 빛으로 둥글게 표현하여, 수행자에게 보여주는 것입니다.
인간과 천상의 영적 존재들과 교류하거나, 연락은 빛으로 주고받으며 교류하는 것입니다.

수행자: 꿈속에서 닭 머리 부분 벼슬이 처음 보였어요. 하늘에 전깃불이 크게 반짝반짝 주렁주렁 달려 있어요.

스님: 닭 벼슬은 앞으로 사람의 직위나 신분, 상승을 예지하는 것입니다.

하늘에 별이 전깃불같이 주렁주렁의 뜻은 보살님의 여러 가지 뜻을 하늘에서 하나하나 주목한다는 뜻이며, 보살님에게 응원해 주고 격려해 주고 답변해 주는 것입니다.
수행자: 꿈속에서 태극기가 공중에 펼쳐 보이고 맑은 바닷속을 헤엄쳐 다니면서 해초를 걷어 내고요. 해초 속에서 전복이 나와요.

스님: 국기가 공중에 펼쳐 보이는 뜻은 보살님 가족이나, 자손 중에서 누군가가 국위를 선양한다는 뜻입니다.

바닷속에서 해초를 걷어 내는 뜻은 바다는 풍요를 뜻하고 걷어 내는 해초는 일상의 없어져야 할 것들을 제거하는 과정에서 전복같이 고급진 것은 챙긴다는 뜻입니다.

수행자: 앉아서 수행하면 숫자가 공중에서 떠돌아다녀요. 여러 차례 반복으로 숫자가 떠다녀서, 어느 날 자세히 보니, 숫자 91 숫자가 내 나이 숫자라는 생각이 들었어요.

스님: 보살님 평소 건강은 어떠한가요?

수행자: 좋은 편은 아닙니다. 병원에 갈 정도는 아닌데 머리도 아프고 항상 뭘 먹으면 체하고 가슴 부분도 아프고 평소 제가 수명이 60살 정도까지면 다 살았겠다는 생각은 했었어요.
또 더 살고 싶은 생각도 없었고요.

스님: 보살님은 얼마 전에 부처님에게서 종재기에 약 받았습니다. 건강이 여러 군데 조금씩 안 좋으신 것은 수행 더 하시면 그런 것은 쉽게 건강하고 좋아집니다.

보살님 말씀대로 수명이 60세에서 건강도 좋아져서 91세로 수명이 연장된 것입니다. 사람한테 제일 큰 복은 수명입니다.
재물이 아무리 많아도 권력이 아무리 커도 수명이 없으면 무슨 소용 있겠습니까?

업장 소멸 수행은 수명연장, 건강 회복 풍요로운 삶, 부처님 가피로 안 이루어지는 것이 없습니다.
수많은 사람들이 부처님 가피를 받지만, 부처님은 부도수표를 남발하지 않는 분입니다.

불법이 몇천 년, 이어오는 과정에서 부도수표 또는 공수표를 남발하셨다면 불교는 지금까지 존재할 수가 없습니다. 부처님을 믿고 수행하시면 자신이 원하는 것 모두 이루어 나갈 수 있습니다.
수행하시라고 말 해줘도 시간이 없다, 바쁘다. 하루 1시간을 못 하는 사람이 있어요.

호흡 수행 하루 1시간 속에 자신이 원하는 모든 소원이 들어있다고 조용히 앉아서 숨만 쉬라고 해도 숨 쉬는 것도 못 하는 안타까움이 있습니다.

수행자: 꿈에서 길을 가는데 박스 속에 책, 노트가 들어있었고요. 제가 책과 노트, 를 챙겼어요. 또 불법 공부하는 사람이 있는데 한문으로 글씨가 쓰여있는 것을 제가 읽었어요.

스님: 꿈에서 길을 가는 것은 그 사람 삶의 방향과 목표를 향한 여정을 뜻합니다.
책과 노트는 불법 공부의 뜻을 말하는 것이며 책, 지혜, 노트, 습득은 불법 정해진 규칙에 얽매이지 않고 학습하는 마음을 나타낸다고 말할 수 있습니다.

수행자: 팔불사 점안식 하기 전날, 꿈에 스님 40명 정도 되시는 분들이 줄 서서 목탁을 두드리면서 서 있는 모습이 보였고 저에게 고개를 숙이고 인사를 해요.

그분들이 도사분들이라고 했어요,
그리고 흰색 여의 구슬이 제 입으로 들어가 그것을 제가 삼켰어요.
스님: 꿈에서 도사급 수행자 40명이 보살님에게 인사하는 것은 보살님 법력이 도사급 40명 수행자보다 더 높다는 뜻을 예지 받은 것입니다.

업장 소멸 수행이 죄 닦고 도 닦고 복 짓는 수행이지만, 부처님 원력과 영험이 크게 들어있어 수행자들의 도력이 크고 빠르게 향상되는 수행입니다.
흰 여의 구슬을 보살 님 입으로 삼킨 것은 도사급 40명 수준의 영적인 힘, 원력, 영험을 합한 원력과 영험이 구슬 속에 들어있다는 예지입니다.

보살님은 앞으로 신비로운 특별한 경험을 체험하게 될 것입니다. 입으로 삼킨 여의주 구슬은 인간의 능력으로 상상할 수 없는 힘과 초능력, 신통력 등 신비로움을 체험하게 될 것입니다.

옛날 고전을 보면 전우치 처사가 천년 묵은 여우가 입속에 물고 있던 여의주를 전우치가 빼앗아 자기 입으로 삼킨 고전이 있습니다.

보살님은 정법 수행하면서 부처님한테 받은 여의주

이므로 전우치보다 더 큰 능력과 힘이 발현될 것입니다.
스님: 보살님은 수행하신 지가 얼마나 되셨죠?

수행자: 제가 수행 시작 4년 되어 가는 것 같아요.

스님: 업장 소멸 수행이 부처님으로부터 직접 영적으로 나온 수행이라 도력이 높고 원력과 영험이 풍성하게 들어있습니다.

수행하시는 분들에게 수행의 효과가 빠르고 원하는 소원은 쉽게 이루어 가고 예상하지 않은 즐거운 일이 의외로 많이 생기는 수행입니다.

수행자: 네, 제가 처음 스님 뵈었을 때, 스님 말씀 기억하고 있었어요. 지금 3년 넘게 수행해 보니 스님 말씀에 틀린 것이 없습니다. 감사한 것은 제가 수행한 것보다, 과분하게 부처님 가피를 많이 받았습니다.

또 제가 평소 생각하면서 살아왔던 것이 많이 틀리다는 생각을 수행하면서 알았습니다. 수행하니까, 마음에서 화가 올라와 부글부글 속끓이는 것이 없어지니까 먹어도 체하는 것이 없어졌습니다.

수행하기 전에는 병원 가기도 그렇고 약간 기분 나쁠 정도로 아프고 계속 그러니까 사람들이 모두 저와 같은 줄 알고 그냥 살았어요. 지금은 아프지도 않고 건강이 많이 좋아졌어요.

수행하기 전하고는 제가 생각해 봐도 많은 것이 달라졌습니다. 91세까지 살아도 괜찮을 것 같아요.

수행자: 팔불사 점안식 하는 날 새벽에 아랫배가 뻐근하게 아프더니 덩어리가 2곳에서 빠져나가는 느낌이 들었어요. 덩어리가 빠져나간 자리에서 아프다는 통증을 느꼈으나 30분 정도 지나니 통증이 사라졌습니다.

스님: 아랫배가 어떻게 아프셨어요?

수행자: 새벽에 눈을 뜨니까 배가 뻐근하게 아프기 시작하더니, 아픈 곳에서 둥그런 덩어리 1개가 나가는 느낌이었어요.
조금 있다가 옆에서 또 1개가 나가고, 모두 2개가 나갔어요.

스님: 그 덩어리는 스님 생각으론 보살님 몸에 있었던 어두운 에너지, 불치병, 암 덩어리가 나간 것 같

습니다. 보살님은 불심이 깊고 수행 열심히 하시는 것을 부처님이 아시고 몸에 어두운 기운을 삭제시켜 준 것입니다.

보살님 몸이 그러한 상태인 줄 부처님이 아시고, 미리서 종재기에 약을 주신 것입니다.

이제는 몸에서 어두운 에너지가 빠져나갔으니 앞으로는 건강 걱정 안 하셔도 됩니다. 부처님께서 보살님에게 천상의 명약도 주셨고 보살님은 수명도 늘어났고 몸에서 병 덩어리도 나갔고 스님이 보살님을 봐도 건강이 많이 좋아졌습니다.

수행자: 집에서 수행하던 중 천상에 꽃이 피어 있는 것이 보였고, 그 꽃이 우담바라 꽃이라는 생각이 들었어요.

스님: 우담바라 꽃은, 인간 세상 꽃이 아닙니다.
우담바라 꽃은, 부처님의 가르침으로 천상에서 피는 꽃입니다.

인간 세상에서는 상상 속의 신비한 꽃으로 표현합니다. 천상에 꽃을 인간 세상에 적용하면 앞으로 환상적이고 모든 것을 다 갖춘 아름다운 삶을 예시 받는 것입니다.
수행자: 꿈에 팔찌, 목걸이, 반지 4개, 천상에 꽃이 피어 있는데 3일 동안 피어 있다는 생각 들었어요.

스님: 팔찌, 패션은 아이템이자 자신의 스타일을 나타내는 수단입니다.

목걸이는 길이와 디자인 따라 다양한 스타일로 문화적 의미를 나타내고 반지 4개는 소중한 순간이나 부처님 약속의 상징이며, 하늘에서 주는 재물복은 물론 완성, 안정성, 신뢰, 균형, 약속 등의 의미가 있는 부처님 가피입니다.

스님: 천상에 3일 동안 꽃이 피어 있었다는 뜻은 인간 세상의 시간과 천상계의 시간은 다르며, 천상계의 3일은 인간 세상 시간으로 보살님은 3생 또는 3백 년 동안 복덕을 누릴 수 있는 복을 지었다는 뜻입니다.

수행자: 팔에 완장 줄이 그려진 것이 보였어요. 그 후 하늘에 아름드리 복숭아나무에 복숭아 과일이 주렁주렁 열려있어요.

스님: 팔에 그어진 완장 줄을 차고 있는 뜻은 지도

자로 연결된 삶으로 살아갈 것이라는 뜻입니다.
천상의 복숭아 과일도 하늘에서 주는 재물복이며, 천상의 꽃과 같이 환상적이고 아름다운 풍경과 향기로운 삶을 약속받았습니다.

수행자: 수행 중에 솔잎에 물방울이 맺혀있고 소나무 가지에 열매가 열려있는 것을 보았어요.

스님: 소나무 가지에 나뭇잎과 물방울 열매는 사시사철 자연의 조화와 생명의 순환이고 열매에서 나온 씨앗이 흙에 뿌리 내리고, 싹이 트이는 것과 같이 인간 세상의 윤회를 의미합니다.

수행자: 땅 위에는 두꺼비가 있고 호랑이 얼굴만 보였고요. 부처님 손가락이 보이고 과일이 주렁주렁 열려있는데 원이 없다 소리를 들었어요.

스님: 복두꺼비는 변화, 재물, 행운, 번영, 풍요를 상징하며 변화와 재생 새로운 성장, 변화의 시작을 의미합니다. 호랑이 얼굴은 힘, 용기, 권위, 승리 강함을 상징하며, 부처님 손가락의 뜻은 종교적 정신적인 맥락에서 지침, 지도, 인도, 평화, 가르침 약속을 뜻합니다.

과일이 주렁주렁 열린 뜻은 풍부함, 풍성함, 향기 재물 등 결실에 대한 다양성을 상징합니다.
원이 없다 뜻은 순수하게 어떠한 제약이나, 한계가 없이, 성공의 삶, 행복한 삶, 어려움 없이 모든 일이 풀린다는 예시이며 풍요롭고, 풍성함, 만족감 등 모두가 이루어졌으므로 더 이상 바라는 원이 없다는 뜻입니다.

수행자: 요즈음에는 수행 중에 잠깐 사이에도 하늘에 무지개같이 여러 가지 색으로 된 빛이 있는 것이 계속 보이고 동그란 모양으로 오묘하고 찬란한 빛이 항상 제 옆에 뭉글뭉글 머물러 있어요.
저에게 그런 현상이 보인 지는 꽤 오래됐어요.

스님: 빛은 불가사의한 힘을 상징하며, 에너지와 창조성과 감동으로 연결됩니다.
불교 수행자에게 보이는 빛은 정법입니다. 법당 탱화에는 벽지 불, 머리 위에 빛을 형상화한 그림이 불법의 힘을 상징합니다.

무지개같이 오묘하고 찬란한 빛을 보는 경험은 새로운 탄생의 신비로움을 뜻하고 빛으로 보이는 형상은 불교의 심볼입니다. 동그란 모양으로 몽실몽실 머물다. 의 뜻은 불법을 수호하시는 호법 신장님들이 수행자들을 자동으로 수행자들을 보호하고 있으니, 안심하라는 메시지입니다.
불보살님들이 내 눈에는 보이지 않지만, 빛의 존재로 항상 어떠한 상황에서도 안전하게 수행자들을 보호하고 있다는 메시지입니다.

수행자들이 수행 초기에는 내면에 어두움으로 인해 주로 꿈에서 형상을 보았는데 수행으로 내면이 맑고 청정하고 밝아져서 빛의 형상을 수행자의 눈으로 보는 것입니다.

우리 마음이 흐리고 혼탁하고 어두워서 그런 현상을 체험하지 못할 뿐 마음이 밝아지면 누구나 빛의 현상을 쉽게 볼 수 있습니다.

***수행 안내**

업장 소멸수행은 삼불 부처님으로부터 영적으로 직접 나온 수행기법입니다. 손가락을 한번 튕기는 짧은 순간만이라도 부처님께 진실한 마음이 전해지면 사업성공, 가정 행복, 자녀 성공, 행복한 지혜의 삶을 열어갑니다.

앉은 자세에서 허리를 꼿꼿하게 세우고 코로 들이마시는 들숨, 입으로 길게 불어내는 낼 숨을 하루 1시간을 목표로 지속적이며 반복적으로 하시면 악재는 소멸하고 살아오면서 추구하고 소망해 오던 목표를 이루어 갑니다.

***유튜브***

팔불사 아미타 정근
팔불사 석가모니불 정근
팔불사 관세음보살 정근
팔불사 지장보살 정근
팔불사 화엄성중 진언
영인 스님 음성으로 동영상 올라와 있습니다.
수행자가 선호하는 각각의 부처님 진언을 선택하여 이어폰 또는 청취하면서 수행하시면 번뇌, 망상, 잡념도 적고 수행의 효과가 빠릅니다.

부처님에게 수행자의 진정한 마음이 전해지면 불보살님께서 꿈속에서 또는 수행 중에도 다양한 모습으로 나타나시어 격려해 주시고 응원해 주시며 수행자가 추구하는 목표를 성취할 수 있도록 각각의 성품따라 안내해 주십니다.

수행 중 또는 꿈속에서 보았거나 일어난 현상들을 순서로 메모해서 상담받으면 오류가 없습니다.
업장 소멸수행 상담 만 문자로 예약받습니다.
예약되면 날짜 알려 드립니다.

팔 불 사 대 영 스님
010-7262-3257